Mittelamerika

Guatemala · El Salvador Honduras · Belize

Dr. Gerhard Heck (Text) · Rainer Kiedrowski (Fotos)

EINLEITUNG Land der Maya und Indígenas

Vor rund tausend Jahren ging das Reich der Maya unter. Geblieben sind von dieser einzigartigen Zivilisation einige phantastische Ruinenstädte wie Tikal und Copán. Und bei den Nachkommen der Maya, den Indígenas, haben sich viele alte Traditionen erhalten – trotz der spanischen Eroberer, die vieles zerstörten (Foto: Tanz der Conquistadores in Chichicastenango).

Candellaria-Fest in Guatemala-Stadt

El Salvador: vor der Kathedrale in Santa Ana

Europa brachte den Völkern Mittelamerikas den katholischen Glauben und prächtige Kolonialbauten, aber auch Tod, Ausbeutung und Unterdrückung. Bis heute ist diese koloniale Vergangenheit überall zu spüren. Armut und Reichtum, Hunger und Überfluß liegen hier dicht beieinander. Über diese Gegensätze hinweg helfen der Mehrzahl der Bewohner vor allem ihre tiefe Frömmigkeit und der Versuch, Identität und Selbstwertgefühl durch ein Festhalten an ihren alten authentischen Traditionen wiederzugewinnen.

In der Kirche Virgen de los Dolores in Tegucigalpa (unten)

Festung San Fernando de Omoa aus dem 18. Jahrhundert (unten)

Ein Dutzend Männer in dunklen Ponchos mit rotem Halstuch und weiten, weißen knielangen Hosen sitzt auf den Stufen des Rathauses von Quezaltenango in Guatemala. Ihre braunen Gesichter mit den kräftigen Backenknochen wirken noch dunkler unter den hellen Strohhüten mit einer rotschwarzen Schärpe. Nur einer ist barfuß, die anderen tragen einfache Sandalen mit Sohlen aus Gummireifen. Die Männer wären beleidigt, würde man sie »Indios« nennen. Indio ist für sie das herablassende Wort, mit dem die spanischen Eroberer sie einst bezeichneten und mit dem sie heute immer noch viele Ladinos, in deren Adern auch ein bißchen »weißes« Blut fließt, diskriminieren. Die Männer sind Indígenas, Menschen, die hier im Land ihrer Vorfahren geboren wurden, Einheimische, Menschen dieses Landes.

Als Kolumbus 1492 in der westlichen Hemisphäre landete, nannte er die dort lebenden Menschen Indios – Indianer –, weil er glaubte, Indien erreicht zu haben. Obwohl dieser geographische Irrtum seit Jahrhunderten bekannt ist, werden die Menschen dunkler Hautfarbe in Zentralamerika von vielen weiterhin Indios genannt. Manche tun es aus Unkenntnis, andere aus Verachtung für diesen Teil der Bevölkerung.

Die Entdeckung Amerikas: Begegnung oder Invasion?

Es ist kein Zufall, daß 1992 die großen Feiern aus Anlaß des 500. Jahrestages der Entdeckung Amerikas gerade von der indigenen Bevölkerung im südlichen Mexiko und den Staaten Guatemala, Honduras und El Salvador boykottiert wurden. Sie störten sich besonders an dem offiziellen Titel der staatlichen Feiern: »Die Entdeckung Amerikas – Begegnung zweier Welten«. Denn um eine »Begegnung« hatte es sich ihrer Meinung nach damals keineswegs gehandelt.

Das spanische Europa »entdeckte« ein Amerika, dessen Bewohner bereits vor Jahrhunderten eine einzigartige Hochkultur geschaffen hatten. Statt Begegnung wäre der Begriff Invasion deshalb ihrer Meinung nach der treffendere gewesen. Die Auseinandersetzung um die Feierlichkeiten im Jahr 1992, die verordnete Erinnerung an die letzten 500 Jahre Geschichte, förderte in Zentralamerika ein neues Identitätsgefühl der Indígenas. In keinem Land Lateinamerikas ist der Anteil der Indígenas an der Gesamtbevölkerung höher als in Guatemala. Die Hälfte der Guatemalteken gehört zu einer der 22 unterschiedlichen Maya-Ethnien, die trotz 500 Jahren spanischer Kolonisierung, katholischer Missionierung und Diskriminierung durch die Ladinos, dem »weißen«, mehr oder weniger spanisch-stämmigen Bevölkerungsteil, ihre Sprachen, Religionen und Traditionen haben bewahren können.

Aber erst in den siebziger Jahren schafften die ersten Maya den Sprung in die Universitäten, und es entstand eine neue Generation indigener Intellektueller, die

Palmsonntagsprozession in Comayagua

1990 eine Akademie für Maya-Sprachen und Kultur in Quezaltenango gründete. Zu den wichtigsten Forderungen der Maya gehört, daß ihre Sprache an Schulen und Behörden verwendet wird.

Vieles aus der »großen« klassischen Zeit der Maya zwischen dem 4. und 9. Jahrhundert ging verloren. Denn die spanische Inquisition leistete ganze Arbeit »1562: Mani. Pater Diego de Landa wirft jedes Maya-Buch einzeln in die Flammen. Der Inquisitor flucht dem Satan, und das Feuer prasselt und frißt. Rings um den Scheiterhaufen hängen kopfunter die Ketzer und wimmern . . . Achthundert Jahre werden heute Abend zu Asche«, heißt es in Eduardo Galeanos eindrucksvoller mehrbändiger Geschichte Lateinamerikas.

Die Maya waren das einzige Volk auf dem amerikanischen Kontinent, das seine Sprache auch in eine Zeichenschrift umgesetzt hatte, mit der sie ihre astro-

In Belize City

nomischen Berechnungen, ihre Weltvorstellungen und ihre Rituale niedergeschrieben hatten. Die christliche Zerstörungsorgie haben nur vier der Codices – so werden die Maya-Handschriften genannt – überstanden. Sie befinden sich in den Museen von Madrid, Paris, New York und Dresden, also nicht einmal in Mittelamerika.

Zeugen der Vergangenheit: Stelen und Codices

Diese Codices sind keine Bücher im üblichen Sinn, sondern lange Papierstreifen aus weißgekalkter Baumrinde, auf die die Maya ihre Zeichen malten. Auch haben sie dieselben Zeichen als Inschriften auf ihren Tempeln, Palästen und vor allem auf ihren Stelen hinterlassen. Diese »steinernen Bücher« berichten von Geschichte und Politik, vom Leben der Herrscher und Höflinge. Aus diesen Überlieferungen ergibt sich ein Bild von der Alltagskultur und von den gewaltigen Zivilisationsleistungen der Maya. Sie errichteten ohne Lasttiere und Metalle riesige Städte, schufen ein ausgefeiltes Schriftsystem, mittels einer präzisen Astronomie mehrere komplexe Kalender, ihre Mathematiker verwendeten die Null, die erst im Mittelalter über die arabische Welt nach Europa kam. Ihren Landwirten gelang es,

Den Urwald überragend: Tempel IV in Tikal

rund 20 Millionen Menschen – fast dreimal so viele wie heute – durch ausgefeilte Anbaumethoden und Bewässerungssysteme zu ernähren. Sie knüpften Handelsnetze bis nach Panama und Zentralmexiko.
Im 9. Jahrhundert, nach fast einem Jahrtausend, endete die Hoch-Kultur der Maya. Kriege verwüsteten das in zahlrei-

Stufenpyramide im guatemaltekischen Uaxactún

An der Hauptpyramide von Altun Ha in Belize

Copán: Maya-Hieroglyphen an Stele B

Lange bevor die Europäer Amerika »entdeckten«, hatten die dort lebenden Völker eigene Hochkulturen entwickelt. Vom nordamerikanischen Mexiko bis zum mittelamerikanischen El Salvador hinterließen die Maya in ihren Stadtstaaten herausragende Baudenkmäler, die später vom Urwald überwuchert wurden und so der Nachwelt erhalten blieben. Zu den bedeutendsten Ruinenstätten der Maya zählen Tikal in Guatemala und Copán in Honduras.

Tikal: Tempel der Masken (unten)

Überwältigender Formenreichtum und bildhauerisches Können: Stele H in Copán

che winzige Königreiche aufgesplitterte Land, das wirtschaftlich und ökologisch ausgeblutet war und die vielen Menschen nicht mehr ernähren konnte. Eine Stadt nach der anderen wurde aufgegeben. Die klassische Maya-Zivilisation verging in langer Agonie.
Als Kolumbus 1502 die Region »entdeckte«, waren die Maya-Metropolen schon lange vom Urwald überwuchert. Dem Entdecker folgten die Eroberer: 1519 gründeten die Spanier die Stadt Panama, im gleichen Jahr eroberte Hernán Cortés Mexiko. Von nun an bemächtigte sich die spanische Krone von diesen beiden Stützpunkten aus der Länder Zentralamerikas. Pedro de Alvarado drang aus dem Norden von Mexiko bis El Salvador vor.

Nach Jahrzehnten des Krieges herrscht nun Frieden

Heute erinnert in fast jedem Ort eine Kirche an die spanisch-katholische Vergangenheit, die 300 Jahre lang währte. Als sich Mexiko 1821 von Spanien lossagte, folgten ihm die zentralamerikanischen Staaten und erklärten sich 1823 zu den »Provincias Unidas del Centro de América«, doch der Traum von der vereinigten Föderation Zentralamerika währte nur kurz, zu unterschiedlich waren Ziele und Interessen der einzelnen Staaten und ihrer Herrscher. Später führten sie immer wieder untereinander Kriege. In den siebziger und achtziger Jahren erschütterten blutige Bürgerkriege die Region. Erst seit kurzer Zeit herrscht Frieden in Mittelamerika, die Demokratie zieht ein. Das geht recht langsam, denn von Gerechtigkeit ist man noch weit entfernt. Viele Bauern sind arm und landlos, wenige reiche Familien besitzen seit Generationen das Land. Lange Jahre beeinflußten ausländische Konzerne, allen voran die amerikanische United Fruit Company, die zum Staat im Staat geworden war, die politische und wirtschaftliche Entwicklung der Länder Mittelamerikas. Sie wurden zu Bananenrepubliken, abhängig von privaten und ausländischen Interessen.
Auch der große Nachbar USA mischte sich in seinem »Hinterhof« immer wieder ins politische Geschehen ein. Jeder »kommunistischen« Bedrohung begegnete Uncle Sam mal mit sanftem diplomatischen Druck, mal mit grober Waffengewalt. Inzwischen hat sich die welt-

politische Lage entspannt, und auch die übermächtige United Fruit Company gibt es nicht mehr. Die ausländischen Konzerne haben einen Großteil ihrer Ländereien verkauft. Aber durch langfristige Abnahme- und Vermarktungsverträge, die die großen amerikanischen Konzerne mit den lokalen Unternehmern geschlossen haben, sind sie immer noch sehr einflußreich.

Der Nachtisch kommt aus Mittelamerika

Um im internationalen Wettbewerb mithalten zu können, entstehen heute immer größere »industrielle Plantagen« für Bananen und Kaffee, Zitronen und Melonen. Dagegen sinkt die Grundnahrungsmittel-Produktion von Jahr zu Jahr. »Wir exportieren die Produkte für den Nachtisch der Industrieländer, müssen aber die Produkte für unsere Hauptmahlzeiten importieren«, beklagt Ramon Custodio, der Präsident der honduranischen Menschenrechtsorganisation Codeh.

Trotz aller widrigen Umstände: Die Maya sind nicht untergegangen. Ihre alten Ruinenstätten haben sie zwar um 900 verlassen, aber das Volk der Maya besteht weiterhin mit seinen Sprachen und ethnischen Traditionen. Das Land der »klassischen« Maya erstreckte sich einst über 350 000 Quadratkilometer. »Mundo Maya« heißt heute ein länderübergreifendes Kooperationsprojekt, das das Erbe der Maya in den Mittelpunkt stellt und kulturorientierte Touristen für Reisen in die Länder des ehemaligen Maya-Reiches gewinnen möchte. Mundo Maya verbindet deshalb den Süden Mexikos mit den Ländern Belize und Guatemala und dem Westteil von Honduras und El Salvador.

Mundo Maya: auf den Spuren einer versunkenen Zivilisation

Folgt ein Besucher diesen Spuren, wird er nicht enttäuscht sein: Guatemala, der südliche Nachbar Mexikos, bietet die abwechslungsreichsten Eindrücke: weite, große Dschungelgebiete, ein Hochland mit Vulkanen und Seen, zahlreiche alte spanische Kolonialstädte, authentische Märkte, auf denen die buntesten Webstoffe Zentralamerikas angeboten werden, eine freundliche Bevölkerung und die bedeutendsten Ruinen der versunke-

In Guatemala werden Kaffeebohnen noch in der Sonne getrocknet

Mehr als die Hälfte der neun Millionen Einwohner Guatemalas besteht aus Indígenas: Eingeborene, Einheimische – im Gegensatz zu den Kreolen, Garífunas oder Ladinos, den Nachkommen aus Verbindungen von Spaniern mit Einheimischen. Die Ladinos sprechen Spanisch und tragen keine indianische Kleidung. Die Indígenas leben vornehmlich in Dörfern als Bauern und Handwerker. In der Erntezeit müssen viele von ihnen für den Unterhalt der Familie zusätzlich auf den großen Obst- und Kaffee-Plantagen arbeiten. Trotz jahrhundertelanger Diskriminierung konnten sie viele Traditionen bewahren und haben in den letzten Jahren neues Selbstvertrauen gewonnen.

»Tanz der Eroberer« vor der Kirche Santo Tomás in Chichicastenango

Mais – das wichtigste Grundnahrungsmittel Mittelamerikas

nen Maya-Zivilisation: Tikal und Quirigua. Honduras, größer als Guatemala, aber nur von halb so vielen Menschen bewohnt, ist das Land der Bananen und Kaffeeplantagen. Der Anteil indigener Bevölkerung ist sehr gering. Es ist das rückständigste der vier Länder, verfügt aber über zwei herausragende Besucherziele: Die karibische Küste mit den Islas de la Bahía und die Ruinenstätte Copán,

Honduras: Palmenstrand von Triunfo de la Cruz

eine der wichtigsten und größten alten Städte der Maya.

In El Salvador fällt jedem Besucher sofort die intensive landwirtschaftliche Nutzung und die dichte Besiedlung auf. Kaum hat man eine Stadt oder eine Siedlung verlassen, erreicht die Straße schon den nächsten Ort. El Salvador ist das Land der Vulkane und des Kaffees. Etwa 50 »Feuerberge« gibt es dort, und einige werden immer wieder aktiv. Es ist ein schönes Land mit viel Natur, einigen interessanten Maya-Stätten wie Tazumal oder Joya de Cerén und einer guten Infrastruktur. Aber El Salvador wartet noch auf seine Entdeckung, zu lange tobte dort der Bürgerkrieg.

Belize: Land der Karibik mit britischem Erbe

Belize hat mit dem Leben, der Politik und der Kultur in den drei anderen Staaten wenig zu tun, es ist ein Land der Karibik. Aber bedeutende Maya-Stätten finden sich auch hier – im ehemals britischen Honduras, dessen Korallenriffs und Palmenstrände auf den vorgelagerten Cayes schon immer ein Geheimtip für Taucher waren.

»Mundo Maya« ist keineswegs nur eine Welt der Ruinen. Sie präsentiert eine vielfältige Region, die sich nach einer Zeit der Bürgerkriege nun langsam mit all ihren Schätzen öffnet.

Frisch aus dem Pazifik: Fischmarkt in La Libertad

Echte Handarbeit in Santiago Atitlán

GUATEMALA: HAUPTSTÄDTE

Die Kronen des Kolonialreichs

Guatemala war das Herz des spanischen Kolonialreichs in Mittelamerika. Über zwei Jahrhunderte diente das prächtige Antigua als Kapitale des Subkontinents – bis ein Erdbeben die Stadt 1773 zerstörte. Nachfolgerin wurde Guatemala-Stadt, heute mit zwei Millionen Einwohnern die bedeutendste Metropole der Region (Foto: Kathedrale, Guatemala-Stadt).

Blauäugig und blond ist Alvaro Arzú, der Sieger der guatemaltekischen Präsidentschaftswahlen 1996. Er ist ein prominenter Geschäftsmann aus der kleinen, weißen Elite des mittelamerikanischen Staates, in dem nahezu die Hälfte der Einwohner Maya sind und acht der zehn Millionen Guatemalteken in Armut leben. Alvaro Arzú war lange Jahre Bürgermeister der Hauptstadt La Ciudad de Guatemala. Und am Abend seines Wahlsieges feierten ihn Tausende singend und tanzend auf der Avenida de la Reforma, der breiten Prachtstraße mit dem großzügigen grünen Mittelstreifen und den vielen Standbildern und Denkmälern.
Guatemala-Stadt, in 1500 Metern Höhe auf einem Hochlandplateau der Sierra Madre gelegen, ist das wirtschaftliche, politische und kulturelle Zentrum des Landes. Rund zwei Millionen Menschen leben in der bedeutendsten Metropole Mittelamerikas. Gegründet wurde La Ciudad de Guatemala 1775, nachdem

An der Ostseite der Plaza Mayor steht die Catedral Metropolitana

Guatemala-Stadt: Nationalpalast von 1943

Antigua, die schöne alte Hauptstadt, von einem Erdbeben zerstört worden war. Wie alle spanischen Kolonialstädte besitzt auch Guatemala-Stadt einen quadratischen, schachbrettartig angelegten Stadtkern, in dem die Institutionen der weltlichen und der kirchlichen Macht ihre Prachtbauten dicht nebeneinander errichteten.
Doch einer Meinung sind Kirche und Regierung trotz dieser Nähe nicht. Am deutlichsten werden diese Gegensätze bei den Menschenrechtsverletzungen. In den letzten Jahrzehnten wurden selbst gemäßigte Oppositionelle in Gewerkschaften, Parteien und Selbsthilfeorganisationen verfolgt und ermordet. Nur langsam kommt die von der Kirche geforderte Demokratisierung, ganz besonders des Militärs, voran. Ungelöst sind

In dieser prunkvollen Halle des Nationalpalastes werden die Staatspräsidenten von Guatemala vereidigt

Da freut sich Ihr Geldbeutel!

Das HB Bildatlas Special Abo

Abonnieren Sie jetzt den HB Bildatlas Special. Damit sichern Sie sich 6mal im Jahr das aktuelle Heft frei Haus - mit ca. 15% Preisvorteil! Denn Ihr Abo kostet inkl. Zustellservice gegen Rechnung z. Zt DM 84,- für 6 Hefte.

ca. 15% Preisvorteil

Bitte mit 80 Pfennig freimachen, falls Marke zur Hand.

Antwort/Postkarte

HB Verlag
Leserservice
Postfach 81 06 40

70523 Stuttgart

Da machen Sie jemand eine Freude!

Das HB Bildatlas Special Geschenk-Abo

Die etwas andere Idee: HB Bildatlas Special zum Verschenken, 6mal im Jahr frei Haus. Und das so günstig: Sie haben ca. 15% Preisvorteil und zahlen gegen Rechnung z. Zt. DM 84,- für 6 Hefte!

Übrigens, damit Sie Ihr Präsent auch gleich ankündigen können, haben wir schon die Geschenkkarte (siehe unten) entworfen. Ein kleines kostenloses Extra für Sie.

ca. 15% Preisvorteil

Bitte mit 80 Pfennig freimachen, falls Marke zur Hand.

Antwort/Postkarte

HB Verlag
Leserservice
Postfach 81 06 40

70523 Stuttgart

Da wird jemand staunen!

VIEL SPASS

mit dem HB Bildatlas Special Geschenk-Abo

DIE HB BILDATLAS SPECIAL GESCHENKKARTE

für ______________________________

von ______________________________

Guatemala-Stadt: Blumenteppich für das Candellaria-Fest

Osterprozession mit Marien-Altar

Totenurne im Popul-Vuh-Museum

Guatemala-Stadt verdankt ihre Entstehung einem Erdbeben: 1773 zerstörte ein gewaltiger Erdstoß die alte Hauptstadt Antigua, der Regierungssitz mußte in eine andere Gegend verlegt werden. Aber auch der neuen Kapitale war kein Glück beschert: Sie wurde durch zwei Erdstöße im Dezember 1917 und Januar 1918 ebenfalls schwer beschädigt. Heute bestimmen neoklassizistische Architektur und katholische Kirchen das Stadtbild. Das Osterfest feiert die größte mittelamerikanische Metropole, in der rund zwei Millionen Menschen leben, mit zahlreichen Prozessionen.

auch die Probleme der ungerechten Landverteilung. Rigoberta Menchú, die guatemaltekische Friedensnobelpreisträgerin von 1992, äußerte wenig Hoffnung auf eine Änderung der Situation nach dem Regierungsantritt von Arzú. Er sei zwar nicht korrupt wie viele seiner Vorgänger, aber er sei ein Vertreter der mächtigen weißen Wirtschaftselite, nicht der Indígenas, der Armen, der einfachen Leute.

Palacio Nacional: modernes »Schloß« für den Präsidenten

Der Palacio Nacional, der prunkvolle Amtssitz des Präsidenten, wurde 1943 von General Jorge Ubigo erbaut, einem der vielen Militärs auf dem Präsidentenstuhl. Es wurde an nichts gespart: kunstvolle Treppen und Marmorböden, handgeschnitzte Holztüren, schmiedeeiserne Lampen, aufwendige Kristalleuchter. Die Palastwände ließ Ubigo von Alfred Gálves Suárez mit Gemälden schmücken, die heute noch Vorbilder für viele Repliken und Souvenirartikel im ganzen Land sind, darunter die Missionierungsszene mit Bischof de Las Casas und das berühmte Mayaopfer: das Motiv eines knienden Maya-Mädchens mit einer Schale, in die der aufrechtstehende Krieger Opferblut tropfen läßt.

Daß die heutige Bevölkerung Guatemalas ihre beiden Wurzeln gebührend respektieren sollte, daran wird in anderen Gemälden im Nationalpalast erinnert: Im Treppenaufgang zeigt Gálves Suárez die beiden Kulturen im Krieg und in der Literatur, letztere verkörpert durch Don Quijote und das Popul Vuh, das heilige Buch der Quiché-Maya mit dem Schöpfungsmythos.

Antigua de Guatemala: Kapitale des 18. Jahrhunderts

»Guate« ist zwar die wichtigste Metropole des Landes, die schönste und am meisten besuchte Stadt Guatemalas ist jedoch die alte Hauptstadt La Antigua de Guatemala; 1979 wurde sie in die Unesco-Liste »Kulturerbe der Menschheit« aufgenommen, weil sie bis heute eine einzigartige Kolonialstadt aus dem 18. Jahrhundert geblieben ist.

Über 230 Jahre lang war Antigua politisches und religiöses Zentrum spanischer Kolonialherrschaft in Zentralamerika, bis es von einem Erdbeben im Jahr 1773

nahezu völlig zerstört wurde. Daraufhin verlegten die Überlebenden ihre Kapitale in das 45 Kilometer entfernte Nachbartal Valle de las Vacas und gründeten dort am 29. Dezember 1775 eine neue Stadt: Nueva Guatemala de la Asuncion, die heutige Hauptstadt.
Antigua, die alte Kapitale, liegt inmitten des Tales von Panchoy in 1500 Metern Höhe, umgeben von drei fast 4000 Meter hohen Vulkanen. Dieses einmalig

Antigua: Innenhof des Klosters Las Capucinas

schöne Panorama, die herrliche Kolonialarchitektur, die Übersichtlichkeit der rechtwinklig verlaufenden, kopfsteingepflasterten Gassen und die überall sichtbaren Bemühungen um eine historisch exakte Rekonstruktion – all das macht es leicht, sich in die Kolonialzeit zurückzuversetzen und doch zugleich die Gegenwart dieser ruhigen, heute bisweilen verschlafenen 28 000-Einwohner-Stadt zu genießen.

Antigua erhält Anschluß an die Gegenwart

Nach dem Bau einer autobahnähnlichen Schnellstraßenverbindung mit Guatemala-Stadt im Jahr 1993 ist Antigua nun leichter zu erreichen und wird jetzt immer häufiger von einheimischen Touristen aus der Hauptstadt besucht. Die großen Erdbeben – 1976 erschütterte erneut ein schweres Beben die Stadt und legte viele alte, nach 1773 wieder restaurierte Gebäude erneut in Trümmer – hätten Antigua weniger verändert als diese Schnellstraße, hört man zuweilen von den älteren Bürgern.
Gegründet wurde Antigua am 16. Mai 1543. Der spanische, in der Estremadura geborene Conquistador Pedro de Alvarado y Contreras, der seit 1523 im Auftrag von Hernán Cortés die Unterwerfung Guatemalas vollzog, hat die Grundsteinlegung nicht mehr erlebt.
Als Alvarado im Dezember 1523 von Mexiko ins zentralamerikanische Hochland aufbrach, besaß er eine relativ kleine Armee. »Und er gab dem Alvarado für diese Reise über 300 Soldaten mit, davon 120 Schützen und Armbrustschützen, außerdem gab er ihm 135 Reiter und vier Gespanne und viel Schießpulver«, hält der Geschichtsschreiber der Conquista, Bernal Diaz del Castillo, in seinen Tagebüchern fest.

Der Eroberer Guatemalas: Pedro de Alvarado

Der offizielle Auftrag an Pedro de Alvarado war »die Erforschung des Gebietes südlich von Mexiko«. Doch er und seine Soldateska verstanden diesen Auftrag ganz anders: Sie plünderten, zerstörten und mordeten, wo immer sie hinkamen. Zuerst besiegte Alvarado die Quiché und eroberte 1524 deren Hauptstadt Utatlán. Hier brachte er eigenhändig ihren Anführer Tetun Uman um und ließ anschließend die ganze königliche Familie ermorden.
Dann besiegte er die Cakchiquel bei Iximche. Iximche, die alte Cakchiquel-Hauptstadt, wurde die erste Kapitale der spanischen Eroberer in Guatemala; zuvor

Restauriertes Bürgerhaus im kolonialen Stil

ließ Alvarado aber alle Cakchiquel-Anführer ermorden und den Namen der Stadt Iximche in Santiago de Guatemala umändern.
Nachdem Alvarado die Tzutuhil am Atitlán-See und die Pipil bei Escuintla geschlagen hatte, verlegte er 1527 aus Anlaß eines Aufstandes der Quiché seinen Sitz ins Tal von Almolonga am Fuße des Vulkans Agua. Diese zweite Hauptstadt, im Grunde die erste spanische Neugründung, trug den Namen Santiago de los Caballeros de Guatemala, heute

Blick vom Cerro de la Cruz auf Antigua

Die Farbe Lila dominiert während der Semana Santa in Antigua de Guatemala

Hoch über Antigua erhebt sich der 3766 Meter hohe Vulkan Agua, einer von mehr als 30 Feuerbergen des Landes, von denen einige noch immer nicht zur Ruhe gekommen sind. Einst war Antigua das religiöse und politische Zentrum der spanischen Kolonialherrschaft in Mittelamerika. Heute gleicht sie jedoch einer verschlafenen Stadt mit 28 000 Einwohnern. In der Osterwoche erwacht die einstige Metropole, wenn Tod und Auferstehung des Herrn mit farbenprächtigen Prozessionen gefeiert werden. Nur Männern ist es erlaubt, die Altäre durch die Straßen zu tragen.

Jesus verläßt die Kirche San Francisco

Schwerstarbeit am Gründonnerstag

Indio-Frauen verkaufen in Antigua traditionelle Teppiche

Küche in der Casa Popenoe aus dem 17. Jahrhundert

Pferde-Taxi in Antigua

heißt sie Ciudad Vieja. Daß es Alvarado überhaupt gelang, die hochentwickelten Maya-Kulturen der Quiché, der Cakchiquel und der Tzutuhil relativ schnell zu besiegen, lag nicht an den Gewehren und der Tapferkeit der spanischen Soldaten, sondern an den Rivalitäten der vielen, untereinander zerstrittenen Maya-Völker.
1541 brach der Vulkan Agua aus, und die zweite Hauptstadt versank unter den Lavamassen. In der Zwischenzeit hatten die Spanier wesentliche Gebiete Zentralamerikas und die nördlichen Gebiete Südamerikas in ihren Besitz gebracht. Das Territorium zwischen dem Vizekönigreich Neu-Spanien im Norden – heute Mexiko – und dem Vizekönigreich Neu-Granada im Süden – heute Kolumbien und Venezuela – wurde 1542 als Generalkapitanat Guatemala das dritte Zentrum spanischer Kolonialherrschaft in Lateinamerika.
Da die alte Hauptstadt durch den Vulkanausbruch zerstört war, galt es für die Kapitale des neugegründeten Generalkapitanats Guatemala einen geeigneten Platz zu finden. Jetzt erst wurde das benachbarte Tal von Panchoy von den Spaniern als sicherer Standort ausgewählt und »Santiago de los Caballeros de Guatemala« 1543 dorthin verlegt. Das war die Geburtsstunde von La Antigua de Guatemala, das diesen Namen allerdings erst im Jahr 1776 erhielt, als die neue – die vierte und heutige – Hauptstadt gegründet wurde.

Über zwei Jahrhunderte – von 1543 bis 1776 – war Antigua die Hauptstadt Zentralamerikas. Der hier residierende Capitan General hatte die Machtbefugnisse eines Vizekönigs. Seiner Ergebenheit versicherte sich der spanische König zusätzlich durch die 1543 eingesetzte Institution der »Audiencia de los Confines«, einer königlichen Behörde mit legislativer und judikativer Funktion, der alle Spanier im

Blick vom Zoccalo auf die Kathedrale

neuen Kolonialreich unterstanden. Und weil die Stadt so ergeben zur spanischen Krone hielt, verlieh König Philipp II. ihr einen besonderen Ehrentitel: »La muy Noble y Leal Ciudad de Santiago de los Caballeros de Guatemala«: die »sehr edle und treue Stadt . . .«

Im Frühsommer blüht der Kaffee im Panchoytal

Wer heute zwischen Mai und Juni die einstige Kapitale besucht, erlebt die Umgebung der Stadt in Weiß. Denn dies ist die Zeit der Kaffeeblüte, und das Panchoytal ist seit Jahrhunderten ein traditionelles Anbaugebiet für Kaffee. Ihn brachten die Spanier vor 400 Jahren hierher. Heute sind es meist deren hellhäutige Nachkommen, die als wohlhabende Haciendero große Kaffee-Finkas besitzen und mit modernen industriellen Anbau- und Erntemethoden bewirtschaften. Dessenungeachtet besitzen die meisten Maya-Familien in der Umgebung von Antigua heute ein Stückchen Land, mit dem sie einen Teil ihres bescheidenen Auskommens sichern.
Auf krasse Armut stößt man deshalb in Antigua nicht. Aber es sind zwei unterschiedliche Welten, in denen die Hacienderos und die Indígenas leben. In den letzten 20 Jahren verstärkte der Umzug wohlhabender Guatemalteken und nord-

Kirchenkloster La Merced (unten)

Kolonnaden des Palacio de Los Capitanes Generales (unten)

In La Antigua de Guatemala dokumentierten die spanische Krone und die religiösen Orden ihre Macht und ihren Reichtum durch prächtige Bauwerke. Zwar sind nach mehreren Erdbeben von der Mehrzahl dieser Baudenkmäler nur noch Ruinen übriggeblieben. Dennoch konnte das koloniale Ambiente erhalten werden – dank der fleißigen Restaurateure, die sich immer wieder daran machten, wenigstens einen kleinen Teil des »Kulturerbes der Menschheit« wieder auferstehen zu lassen. Und wie zu kolonialen Zeiten bieten auch heute die Nachkommen der Maya ihre handgefertigten Waren rund um den zentralen Marktplatz an.

amerikanischer Pensionäre nach Antigua die Kluft zwischen Arm und Reich. Doch dem Stadtbild kamen diese Zuzüge zugute, denn die Neubürger investierten viel Geld in die Restaurierung der alten Häuser.

Einem Erdbeben verdankt Antigua seinen Charme

Aus heutiger Sicht war das verheerende Erdbeben von 1773 ein Segen: Weil die Kapitale nach Guatemala-Stadt verlegt wurde, blieb Antigua wie es war und konnte sich deshalb bis heute sein Stadtbild bewahren. Und auch das Ambiente jener Epoche überstand die Jahrhunderte: Noch immer verkaufen Maya-Familien unter den Kolonnaden der Plaza Mayor ihre Produkte, teilen die gepflasterten Gassen Antigua in viele rechteckige »Quadres« auf. Zudem konnten – trotz einiger weiterer schwerer Erdstöße – zahlreiche Häuser, Kirchen und Klöster aus der Kolonialzeit wiederaufgebaut werden.

Santiago de los Caballeros de Guatemala war seit der Gründung im Jahr 1543 eine reiche Stadt. Da ein Drittel aller Einnahmen aus den Kolonien der katholischen Kirche zufielen, stieg das Episkopat der Stadt schnell zum größten Latifundienbesitzer auf, und die Kirche bestimmte das wirtschaftliche, soziale und kulturelle Leben in Santiago. Deshalb waren viele Orden dort vertreten: Dominikaner, Franziskaner, Jesuiten, Mercedarier, Karmeliter, Kapuziner und Klarissinnen. Insgesamt wurden in und um Antigua 38 Klöster und 16 Kirchen errichtet. 1676 gründete San Carlos Borromeo hier sogar eine Universität. Als das Erdbeben 1773 die Stadt zerstörte, lebten mehr als doppelt so viele Menschen in Antigua wie heute.

Das Herz der alten Hauptstadt: die Plaza Mayor

Das Zentrum Antiguas ist die quadratisch angelegte Plaza Mayor, die 1993 zu einem Park umgestaltet wurde. In der Mitte sprudelt seit 1739 der Brunnen der »Sirene«. Die ganze Südseite der Plaza Mayor nimmt der Sitz der spanischen Gouverneure ein, der 1549 errichtete Palacio de Los Capitanes Generales, von dem aus die Vertreter der spanischen Krone regierten und die königliche »Audiencia de los Confines« einen Trakt besaß. Daneben steht die 1565 eingeweihte Kathedrale. An ihr hat nur die Barockfassade mit ihren Nischen für die Heiligenfiguren das Erdbeben von 1773 überstanden.

Im notdürftig hergerichteten Hauptschiff der Kirche werden Messen und Gottesdienste abgehalten. An der Nordseite der Plaza befindet sich heute in den Räumen des Palacio del Noble Ayuntamiento das Rathaus; vom Bogengang im ersten Stock hat man einen herrlichen Blick über den Platz zur Kathedrale und zum Palacio de Los Capitanes Generales – mitten in das Herz der einstigen Metropole Mittelamerikas.

Bootsanlegestelle am 15 Quadratkilometer großen Amatitlán-See

In San Andrés Itzapa

In San Antonio Aguas Calientes

REISE-INFO
GUATEMALA: HAUPTSTÄDTE

Ciudad de Guatemala

Karte: S. 112/113, Planquadrat F 4.
Anreise: Guatemala-Stadt wird täglich von amerikanischen und europäischen Fluglinien direkt bzw. mit Zwischenstopp in den USA angeflogen. Vom Flughafen ist man mit Bus oder Taxi in 10 Minuten in den Zonas 9 und 10 (hier befinden sich die meisten der großen internationalen Hotels) bzw. in 15 Minuten in der Zona 1 (Stadtzentrum). Preise: Bus 0,65 Q, Taxi bis Zona 10 zwischen 25 und 30 Q, bis Innenstadt 35 Q.
Öffentlicher Nahverkehr: Ein dichtes Netz privater, aber streng staatlich kontrollierter Omnibuslinien überzieht die Stadt; Informationen zum Streckennetz bzw. Fahrpläne gibt es nicht. Die Busse fahren zwischen 5 und 23 Uhr, tragen eine Nummer und nennen die Zona bzw. den Namen einer »landmark«, in der ihre Endhaltestelle liegt. Bezahlt wird beim Fahrer beim Einsteigen (Preise staffeln sich nach Zonen von 0,5 bis 1 Q).
Orientierung: Die Stadt ist in 21 Zonas gegliedert, deren Grenzen und Nummern man kennen muß, um sich zurechtzufinden. Die Avenidas (Ave.) durchlaufen die Stadt fast immer von Norden nach Süden; sie sind numeriert und durchqueren mehrere Zonas; einige wenige Avenidas tragen einen Namen, einige als Zusatz ein »A«. Die Calles verlaufen von Ost nach West, sind ebenfalls numeriert, enden aber an der Grenze einer Zona; es gibt also mehrere Calles mit der gleichen Nummer. Deshalb ist die Angabe der Zone unerläßlich.
Unterkunft: Die Mehrzahl der großen internationalen Hotels liegt im Süden der Stadt, u.a. das Hotel »El Dorado«, ein traditionsreiches Haus (7a Ave. 15-45, Zona 9, Tel. 3177 77, Fax 32 18 77, 250 Zi.; DZ ab 120 US-$) und das Hotel »Camino Real«, das beste und teuerste der Stadt (Ave. La Reforma, 14 Calle 0-20, Zona 10, Tel. 33 46 33, Fax 37 43 13, 378 Zi.; DZ ab 250 US-$). Im Zentrum stehen viele ältere kleine Pensionen, aber auch Mittelklassehotels, u. a. Hotel »Pan American«, mit schönem Innenhof und viel Kolonialambiente (9a Calle 5-63, Zona 1, Tel. 5187 09, Fax 2 64 02, 60 Zi.; DZ 60 US-$) und die »Posada Belen«, ein zum Hotel umgebautes koloniales Stadthaus (13 Calle »A« 10-30, Zona 1, Tel. 53 45 30, Fax 5134 78, 12 Zi.; DZ ab 40 US-$).
Sehenswürdigkeiten: Das historische Zentrum, die Plaza Mayor, ist noch heute der zentrale Platz der Stadt. An seiner Stirnseite steht der Nationalpalast (Palacio Nacional), ein neukoloniales, hellgrünes Gebäude, dessen Treppenaufgänge Wandgemälde aus der Geschichte Guatemalas schmücken. Im Osten wird die Plaza Mayor durch die Kathedrale (Catedral Metropolitana, 1782–1809) und durch das Palais des guatemaltekischen Erzbischofs (Palacio del Arzobispo) begrenzt. Die »Reliefkarte« von 1905 (Mapa en Relieve; Maßstab: horizontal 1:10 000, vertikal 1:2000) befindet sich im Parque Minerva (8–17 Uhr; 11 Calle, 6 a Av., Zona 2) im Norden der Stadt. Die Stahlkonstruktion des Eiffelturms überwölbt die Kreuzung Ave. 7, Calle 2. 1928 errichtete die Familie Yurrita eine kleine Kirche (Capilla de Yurrita) und gleich daneben ihr Haus, beide in einem eigenwilligen Stilgemisch aus Elementen des Barock und Rokoko mit Türmchen, Zinnen und Galerien (Ruta 6, zwischen 7a Ave. und 7a Ave. A, Zona 4).
Museen: Am nördlichen Rand des Parque La Aurora westlich des Flughafens stehen drei Museen: Museo Nacional de Arqueologia y Etnologia mit Ausgrabungsfunden aus allen Teilen des Landes, einem Modell der Ruinenstätte Tikal und ethnologischen Rekonstruktionen des Maya-Alltags (La Aurora, Salon No. 5, Zona 13); Museo Nacional de Arte Moderno, das Kunstmuseum mit der größten Bildersammlung Guatemalas (Salon No. 6); Museo Nacional de Historia Natural, das Fauna und Flora des Landes anschaulich dokumentiert (7a Ave. 6-81, Zona 13; alle Di–So 9–16 Uhr). Die Geschichte Guatemalas präsentiert das Museo Nacional de Historia (9 Calle 9-79, Zona 1). Das Museo Popul Vuh zeigt eine Sammlung von Graburnen aus Nebaj und Keramiken. Darüber hinaus sind religiöse Kolonialkunst zu sehen und eine Kopie des Dresden-Kodex, eine der wenigen erhaltenen Maya-Schriften (Edificio Galerías Reforma, Torre 2, Ave. La Reforma 8-60, Zona 9; Mo–Fr 9–16.30 Uhr, Sa 9–13 Uhr).
Essen und Trinken: Die besten Steaks in der Stadt werden in der Hazienda »Los Ranchos« direkt vom Grill serviert (2a Ave. 14-06, Zona 10, Tel. 63 50 28). Guatemaltekische Küche bieten »Los Antojitos« (Ave. La Reforma 15-02, Zona 9, Tel. 3130 66) und »El Parador« (12 Calle 4-17, Zona 9, Tel. 3167 74), in der Innenstadt »El Gran Pavo« (13 Calle 4-41, Zona 1, Tel. 5109 33).
Einkaufen: Das größte Angebot an Kunsthandwerk bietet der Mercado de Artesanias (11 Ave., 6 Calle 10-95, Zona 13, Tel. 72 02 08; 10 Min. vom Flughafen; Mo–Sa 8.30–18 Uhr, So 8.30–14.30 Uhr). Kleiner ist der Kunsthandwerksbasar im Parterre des Nationalpalastes (tgl. 9–18 Uhr). Ausgefallenes der Kategorie »Folklore« gibt es bei »La Casa« (Ave. La Reforma 13-89, Zona 10, Tel. 37 03 09) und Antikes bei »El Patio« (Antiguedades Artesanias, 14 Calle 0-25, Zona 10, Tel. 63 24 49).
Information: Instituto Guatemalteco de Turismo (INGUAT), 7a Ave. 1-17, Zona 4, Centro Civico, Tel. 3113 33, Fax 3189 93, Mo–Fr 9–17 Uhr).

Antigua: Innenhof des Klosters La Merced

Antigua de Guatemala

Karte: Seite 112/113, Planquadrat F 4.
Anreise: Von Guatemala-Stadt mit dem Bus, Fahrtzeit etwa eine Stunde (Busbahnhof für die Gesellschaft »La Preciosa«: 15 Calle 3-37 (Zona 1), für die Gesellschaft »Unidos«: 15 Calle 3-65 (Zona 1); zwischen 6 und 22 Uhr verkehren die Busse alle 30 Minuten. Die Hotels von Antigua holen ihre Gäste auf Wunsch im Shuttle-Taxi (10 US-$) direkt vom Flughafen in Guatemala-Stadt ab.
Unterkunft: »Antigua«, neues Luxushotel im Kolonialambiente mit Garten, Swimmingpool und Blick auf die Kirche San Jose el Viejo (8a Calle Poniente 1, Ecke 5. Ave. Sur, Tel. 9/32 02 88, Fax 32 08 07; 90 Zi., davon 52 Zi. im Altbau; DZ ab 140 US-$). »Casa Santo Domingo«, ein zum Hotel umgebautes Kloster aus dem Jahr

Frisch gebratener Fisch aus dem Amatitlán-See, einem beliebten Ausflugsziel der Hauptstädter

1642 inmitten einer herrlichen Gartenanlage, mit erlesenen Antiquitäten eingerichtet, das beste und schönste Hotel Guatemalas (3a Calle Oriente 28, Tel. 32 01 40, Fax 32 01 02; 62 Zi., DZ ab 200 US-$). »Posada de Don Rodrigo«, Adels-Stadtwohnsitz aus dem 18. Jahrhundert mit Arkaden, Patios und antiken Möbeln (5 Ave. Norte 17, Tel. 32 02 91, Fax 31 80 17; 33 Zi., DZ ab 60 US-$). Wer länger bleiben will: Wegen der vielen Sprachschulen vermieten Familien Privatzimmer. Adressen bei der Touristeninformation.

Sehenswürdigkeiten: An der Plaza Mayor liegen der Palacio de Los Capitanes Generales (1549), öfters umgebaut und erweitert, gegenüber die Catedral Metropolitana (1565), von der seit 1773 nur noch die Eingangsfassade erhalten blieb, und der Palacio del Noble Ayuntamiento, das Rathaus von 1743. Von den über 50 Kirchen und Klosterruinen aus der Zeit vor 1773 beeindrucken besonders: Convento Las Capuchinas (3a Ave. Norte), Santa Catalina mit seinem Verbindungsbogen (el Arco) über die Straße (5a Ave. Sur), Kirche und Kloster San José de la Recolección (am Westende der Calle de la Recolección); alle sind täglich 8 bis 18 Uhr geöffnet. Koloniale Lebenskultur wurde in der Casa Popenoe (1640) konserviert. Das ehemalige Wohnhaus eines Richters hat der US-Privatier William Popenoe 1931 erworben, restauriert und mit zahlreichen Sammlerstücken möbliert (1A Ave. Sur, beim Lyzeum, Mo–Sa 14–16 Uhr).

Museen: Museo de Arte Colonial, im Gebäude der Universität San Carlos de Borromeo (5a Calle Oriente). Ausgestellt werden Gemälde und Figuren spanischer Künstler aus dem 16. und 18. Jahrhundert, die das Erdbeben überstanden (Di–So 9–12, 14–16 Uhr). Das Museo del Libro Antiguo im Palacio del Noble Ayuntamiento ist der guatemaltekischen Buchdruckerei gewidmet (Plaza Mayor; Di–So 9–12, 14–17 Uhr).

Essen und Trinken: »Doña Luisa Xicóten Café«, Kolonialgebäude mit großem Innenhof; gutes Frühstück (4 Calle Oriente 12, Tel. 32 25 78). »El Sereno«, lateinamerikanische Küche in Kolonialinterieur, Restaurant in einer Art Kunsthandwerksbasar, mit Innenhof und Brunnen (6 Calle Poniente 30, Tel. 32 00 73). »Katok«, kolonialer Innenhof, sauber, freundlich, scharfgewürzte Speisen (4 Ave. Norte 7). »La Fonda de la Calle Real«, gute guatemaltekische Küche, Käsefondue (5a Ave. Norte 5, Tel. 32 26 96).

Ausflüge: Den schönsten Blick über die Stadt und ins Tal von Antigua hat man vom Cerro de la Cruz, einem im Norden oberhalb der Stadt gelegenen Hügel (Anfahrt über die Verlängerung der Calle de la Nobleza, später Piste). Im Süden Antiguas bilden die drei Vulkane Agua (3766 m), Fuego (3763 m) und Acatenango (3975 m) ein einmaliges Panorama. Alle drei kann man besteigen; von Bergwanderern bevorzugt wird der Agua. Der Aufstieg beginnt im 9 km entfernten Santa María de Jesús. Im Bürgermeisteramt (Alcaldes Auxiliares) hinterläßt man seinen Namen und meldet sich nach der Rückkehr wieder; ggf. vermittelt der Bürgermeister auch einen Führer (ca. 100 Q pro Tag). Dauer des Aufstiegs: 4 Std. strammer Fußmarsch.
Einer der schönsten Seen des Landes, der Amatitlán-See (15 qkm), liegt 27 km südwestlich der Hauptstadt. In San Antonio Aguas Calientes, 6 km südöstlich von Antigua, werden kunstgewerbliche Artikel hergestellt und verkauft.
San Andrés Itzapa, 14 km nordwestlich von Antigua, ist das Zentrum des indianischen Maximon-Kultes. An der Ave. San Simón liegt die Capilla San Simón. Hier sitzt auf einem Podest eine männliche Schaufensterpuppe in dunklem Anzug mit Hut, Schlips und Kragen. Feierlich ziehen die Gläubigen an der Figur vorbei.

Veranstaltungen: Jedes Jahr zu Ostern (Höhepunkt: Karfreitag) führen durch die engen Gassen Antiguas Prozessionen, bei denen Heiligenfiguren auf großen Prozessionsbahren über Teppiche aus Blumen und bunten Sägespänen getragen werden. Ein weiterer Höhepunkt ist die Woche vom 21.–26. Juli, in der die Stadt mit Umzügen, Theateraufführungen und Folkloretänzen ihres Schutzpatrons, des Apostels Jakob, gedenkt.

Information: INGUAT, im Palacio de Los Capitanes Generales, Plaza Mayor, Tel. 32 07 63, Zweigstelle: 4a Calle Oriente 14; beide Mo–Fr 9–12 Uhr.

Swimmingpool im neuen Luxus-Hotel »Antigua«

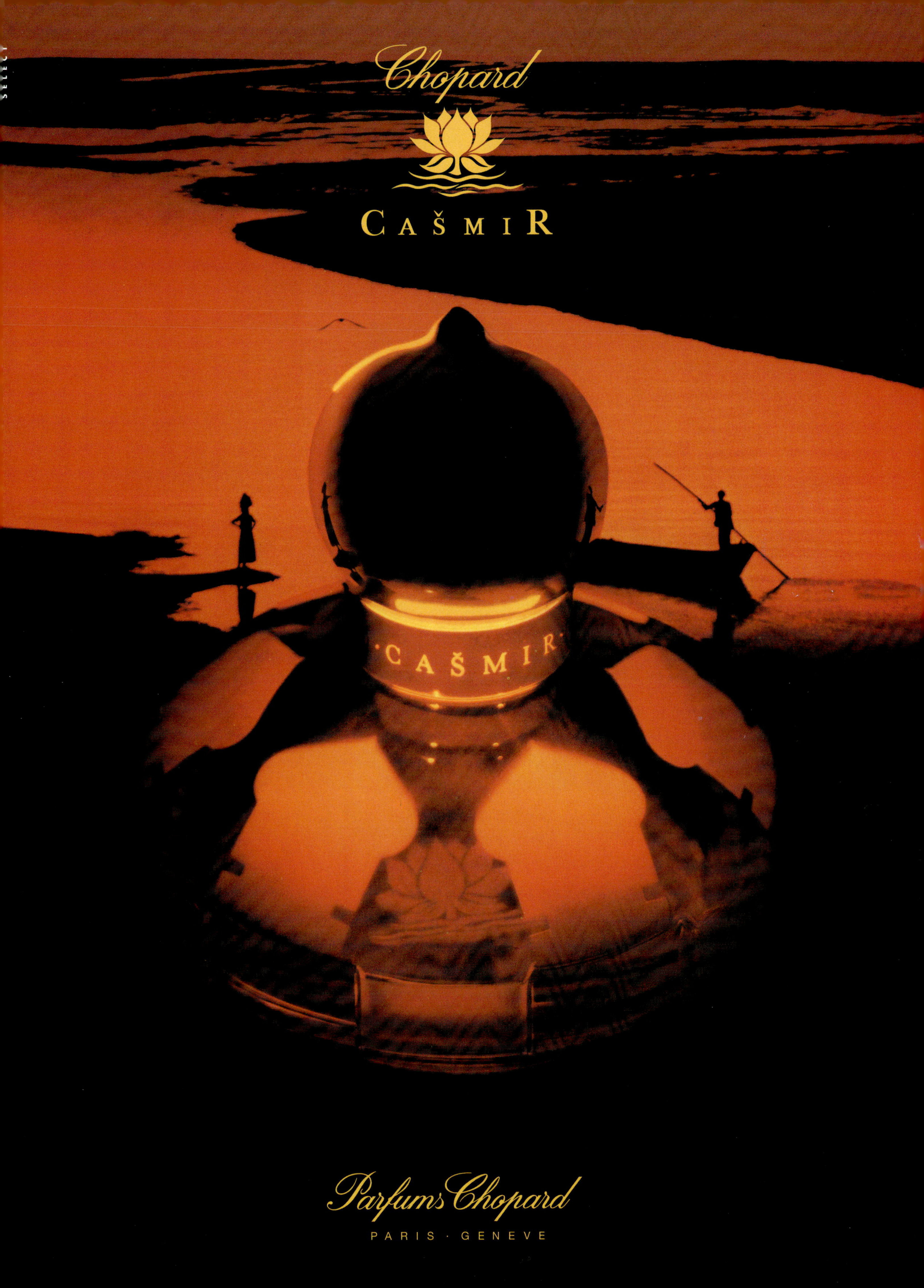
Chopard
CAŠMIR
·CAŠMIR·
Parfums Chopard
PARIS · GENEVE

GUATEMALA: NORDEN

Reise in eine verlorene Welt

Tief im Urwald des Petén liegen die Reste der Maya-Zivilisation: Tempel und Paläste, reichverzierte Altäre und Stelen, die jahrhundertelang vom Dschungel überwuchert waren. Zu den eindrucksvollsten Zeugen dieser untergegangenen Hochkultur gehören die Maya-Metropolen Tikal und Quirigua (Foto: Tikal, Tempel II; kl. Foto: Stele 21).

Das Reich der Maya dehnte sich über Guatemala hinaus bis in den Westen von Honduras und El Salvador aus. Die große Verkehrsachse war damals wie heute das Tal des Motagua. Heute führt die Carretera del Atlantico, die die Hauptstadt mit dem Atlantikhafen Puerto Barrios verbindet, entlang den Windungen des Rio Motagua. Rund 200 Kilometer von Guatemala-Stadt entfernt liegt im Motagua-Tal Quirigua, das zu den bedeutendsten Maya-Zentren zählt.

Durch Zufall entdeckt, vor dem Ausverkauf bewahrt

Wie bei vielen Entdeckungen spielte auch in Quirigua der Zufall eine Rolle. 1840 beschloß die Großgrundbesitzerfamilie Payés, ihr Anwesen, auf dem sich auch die bis dahin nicht entdeckte Ruinenstätte befand, unter drei Brüdern aufzuteilen. Im Jahr zuvor hatte der nordamerikanische Diplomat und Archäologe John Lloyd Stephens in Begleitung des englischen Zeichners Frederick Catherwood von Copán aus die Gegend besucht und einzelne Stelen im Urwald entdeckt. Stephens wollte die Stelen nach New York bringen und nahm mit der Familie Payés Kontakt auf. Um sich über den Preis vor der Aufteilung des Landes einig zu werden, zogen die Gebrüder Payés den französischen Konsul in Guatemala zu Rate. Dieser empfahl ihnen, die Summe von mehreren tausend US-Dollar zu fordern. Stephens lehnte ab, weil er zuvor für die ganze Ruinenstätte von Copán nur insgesamt 40 US-Dollar bezahlt hatte; glücklicherweise stehen deshalb die Stelen noch heute in Quirigua.

Stadt der Skulpturen: Quirigua

Es sind nur knapp 50 Kilometer Luftlinie von Quirigua zum benachbarten Copán, aber heute muß man wegen der dazwischen liegenden Staatsgrenze und den fehlenden Straßenverbindungen fast 200 Kilometer Umwege in Kauf nehmen. Sicher ist, daß Quirigua im 5. Jahrhundert von einer Siedlergruppe aus Copán gegründet wurde und fast zwei Jahrhunderte in einem Tributverhältnis zu Copán stand.

In Quirigua findet man keine spektakulären Bauten wie in Tikal, Uxmal oder Copán. Aber hier stehen Meisterwerke

Tikal: Breite Treppen führen auf den Tempel der Masken

Die Stufenpyramide im Komplex Q errichteten die Maya 711

Zu Recht haben die Vereinten Nationen Tikal zum »Kulturerbe der Menschheit« erklärt. Bislang förderten die Archäologen auf rund 16 Quadratkilometern Fläche über 3000 Bauten zutage, etwa ein Fünftel des ursprünglichen Stadtgebietes.

Opferstein am Fuß des Tempels III

Stele 22 aus dem Jahr 711 zeigt einen König

Der 65 Meter hohe Dachkamm des Tempels IV überragt die Baumkronen des Regenwalds

der Maya-Bildhauerei, die zu den schönsten, kunstvollsten und aufwendigsten zählen: Stelen von unbeschreiblicher Formenvielfalt und vier »Zoomorphe«, aus Steinblöcken gehauene, kauernde Tiergestalten, mystische Wesen.
Stelen und Skulpturen fertigten die Maya aus Sandstein, der in einem etwa fünf Kilometer entfernten Steinbruch gebrochen wurde. Für den Transport der Blöcke benutzten sie Holzrollen, denn Fuhrwerke mit Rädern waren ihnen unbekannt. Das Zentrum Quiriguas ist die Gran Plaza, auf deren Rasenfläche unter Palmen und Amate-Bäumen heute die meisten Stelen stehen.
Eine von ihnen zieht Besucher besonders an: Die Stele E, der gewaltigste bekannte Monolith, der in der Maya-

Zu jeder Stele gehört ein Opferstein

Welt je bearbeitet wurde. Über zehn Meter ist er hoch und 65 Tonnen schwer. Diese Stele aus dem Jahr 771 stellt einen Herrscher mit Zepter und Schild dar, dessen Gesicht gut erhalten ist.
Ein Drittel der Staatsfläche von Guatemala nehmen die nördlichen Urwaldgebiete des Petén ein. In dieser schwer zugänglichen Dschungelregion errichteten die Maya bedeutende Städte. Unter ihnen nimmt Tikal eine herausragende Stellung ein. Bis in die Mitte des 20. Jahrhunderts war der dünn besiedelte Petén als Grenzland zur mexikanischen Halbinsel Yucatan und zum Staat Belize der »vergessene Teil Guatemalas«.
Doch seit den sechziger Jahren förderten die diktatorischen Regierungen durch die Vergabe von Land an eine halbe Million Siedler die Erschließung des Petén. Daran beteiligt waren auch ausländische Konsortien, die Lizenzen zum Abbau der reichen Edelholzvorkommen erhielten. Weitgehend unbeachtet von der Weltöffentlichkeit begann die Zerstörung des größten zusammenhängenden Tropen-

waldes Zentralamerikas durch Holzfäller und den Brandrodungsfeldbau der Neusiedler. Tausende der hier verstreut lebenden Kleinbauern wurden von skrupellosen Großgrundbesitzern und Militärs ihrer Besitztitel beraubt und über die Grenze nach Mexiko vertrieben.

Erst als der letzte einer langen Reihe von Diktatoren abgelöst, 1985 eine neue Verfassung verabschiedet und ein Jahr später mit Marco Vinicio Cerezo Arevalo wieder ein ziviler Präsident die Macht übernahm, trat eine Wende ein. Zu den bereits unter Schutz gestellten archäologischen Zonen, in denen jede Ansiedlung von Menschen verboten ist, wurden 1990 die nördlichen 1,5 Millionen Hektar des Petén als »Biosfera Maya« unter Schutz gestellt. Wirtschaftliche Aktivitäten und Ansiedlungen müssen seither genehmigt werden. Doch ob das Programm in dem unwegsamen und entlegenen Urwaldgebiet auch tatsächlich gegen die wirtschaftlichen Interessen der großen Unternehmen durchgesetzt werden kann, bleibt offen.

Flores – das beschauliche Kolonialstädtchen

Wer von Guatemala aus Tikal besuchen möchte, muß über Flores anreisen. Flores liegt auf einer Insel am Südufer des Lago Petén-Itzá, eines flachen, abflußlosen Sees, und ist durch einen Damm mit dem Festland verbunden. Auf der Festlandseite des Dammes hat sich in den letzten 20 Jahren die Stadt Santa Elena fast explosionsartig entwickelt und geht heute nahtlos in den westlich gelegenen Ort San Benito über.

Hier am Petén-Itzá-See endete die Wanderung der aus dem mexikanischen Hochland kommenden Itzá, die sich zunächst im 11. Jahrhundert in Chichen Itzá niederließen, bevor sie im 13. Jahrhundert ihre Wanderung fortsetzten und an der Westspitze der Halbinsel Tayasal gegenüber von Flores eine Zeremonienstätte gründeten.

Auch Flores war bereits zur Zeit der Maya bewohnt, alle heutigen Bauwerke sind jedoch kolonialen Ursprungs. Die engen gepflasterten Gassen, die flachen buntgekalkten Häuser, die an der höchsten Stelle der Insel errichtete Kathedrale, die Beschaulichkeit und Übersichtlichkeit angesichts der Insellage machen Flores heute zu einem vielbesuchten Kolonialstädtchen.

Dichter Urwald bedeckt die Region. Schon von weitem hört man die durchdringenden Schreie der Brüllaffen, die sich durch die Wipfel der hohen Ceiba- und Zapote-Bäume hangeln. Papageien und Tukane fliegen über die Rasenflächen der wenigen Lichtungen. Unablässig hört man das Zirpen der Zikaden, Kolibris umschwirren die Blüten.

Tikal: die verlassene Maya-Metropole im Urwald

Die Ruinenstadt Tikal, eine der größten und bedeutendsten Maya-Stätten, liegt mitten im Urwald des Petén. 600 Quadratkilometer wurden zum Nationalpark deklariert. Dort leben Hirsche und Rehe, auch Pumas und Ozelots, vereinzelt auch noch Jaguare, aber besonders viele Schlangenarten.

Tikal war schon im 7. Jahrhundert vor Christus besiedelt und erlebte seine Blütezeit in der »späten Klassik« zwischen 550 und 900. Doch dann endete die

Mauern der südlichen Akropolis in Tikal

Die große Freitreppe am »Tempel der verlorenen Welt«

Die Pyramiden, Tempel und Stelen von Tikal haben den Maya-Forschern große Einblicke in die untergegangene Hochkultur dieses Volkes vermittelt. Um diese Funde auch für nachkommende Generationen zu erhalten, werden sie heute teilweise mit palmgedeckten Dächern vor Regen und Sonne geschützt, die wertvollen Grabbeigaben befinden sich im örtlichen Museum.

Hieroglyphenschrift auf der Stele 31

Wie in fast allen Maya-Stätten werden an der Gran Plaza und nördlichen Akropolis von Tikal besonders gefährdete Teile durch Palmdächer geschützt

Souvenirs, Souvenirs . . .

Die Kronen des Ceiba-Baums erreichen Höhen von 50 Metern

klassische Maya-Kultur ziemlich abrupt, der Urwald überwucherte Tikal. Wie es zum Ende dieser hochentwickelten Zivilisation kam, ist noch umstritten. Damals lebten rund 20 Millionen Menschen im gesamten Maya-Tiefland, weit mehr als heute. Grüne Gartenstädte lagen in dem lichten, mit Maisfeldern durchsetzten Dschungel. Um die sich stürmisch entwickelnde Bevölkerung zu ernähren, mußten die Maya-Bauern immer ausgeklügeltere Anbaumethoden anwenden. Mit gezielter Fruchtfolge steigerten sie ihre Erträge, legten Terrassenfelder und Hochäcker an und errichteten zahlreiche Zisternen und Wasserspeicher. Doch am Ende der Klassik waren der Boden ausgelaugt, die Wälder abgeholzt – und der Maya-Hochkultur somit ihre Basis entzogen.

Die Maya-Zivilisation zerstörte ihren eigenen Lebensraum

Erst ein Jahrtausend nach dem Untergang Tikals erfuhr die Weltöffentlichkeit wieder etwas von der Existenz der Stadt. Im Jahr 1848 besuchten der guatemaltekische Oberst Modesto Méndez und der Gouverneur des Petén, Ambrosio Tut, die Anlage. Einen Bericht über ihre Expedition veröffentlichte 1853 die Berliner Akademie der Wissenschaften. Méndez und Tut wurden von dem Zeichner Eusebio Lara begleitet, der viele im Wald gefundene Stelen und Türstürze von Tempeln abbildete. Der in Deutsch abgefaßte Bericht über die faszinierenden Tempelanlagen einer untergegangenen, fernen Kultur, illustriert durch die Zeichnungen von Lara, hatte eine Vielzahl von Expeditionen zur Folge. Leider wurde in den darauffolgenden Jahren vieles gestohlen und außer Landes geschafft.

Tausend Jahre nach dem Untergang entdeckt

Die systematische Erforschung begann 1881 unter dem Briten Alfred P. Maudslay, der die Ruinen mehrmals besuchte und die ersten Karten anfertigte. Zwischen 1895 und 1904 lebte der Deutsche Teobert Maler in der Ruinenstadt, zeichnete Skizzen und Pläne der Anlage und hinterließ der Nachwelt die ersten bedeutenden Fotografien von Tikal. Weitere Ausgrabungen erfolgten zwischen 1914 und 1937 durch den US-Amerika-

Stele J in Quirigua

Keine Maya-Stele ist größer als Stele E

Schwindelfrei muß man zum Erklimmen der Pyramiden sein

Eine weitere bedeutende Maya-Stätte in Guatemala ist Quirigua im Tal des Rio Motagua. Der Ort ist bekannt für seine mit Reliefs und Hieroglyphen geschmückten Steinplatten und -blöcke, die in der Sprache der Kunsthistoriker Stelen genannt werden. Der größte bisher entdeckte behauene Steinblock der Maya wurde hier im Jahr 771 aufgestellt.

Tiermenschen als Ungeheuer auf Zoomorph B

Die 766 von den Maya aufgestellte Stele D wird von einem Dach vor Wind und Wetter geschützt

ner Sylvanus G. Morley. Die letzten bedeutenden Ausgrabungs- und Restaurierungsarbeiten unternahm die Universität von Pennsylvania zwischen 1956 und 1969 unter Leitung des Maya-Forschers William R. Coe.
1970 wurden die Ausgrabungsarbeiten in Tikal in guatemaltekische Hände übergeben. Schließlich setzte die Unesco Tikal wegen seiner ungeheuren Bedeutung für die Entwicklungsgeschichte der gesamten Menschheit 1979 auf die Liste des Weltkulturerbes.
Bisher sind 16 Quadratkilometer Fläche vermessen und systematisch ausgewer-

Quirigua: Tempel am Nordrand der Akropolis

tet worden. Dabei wurden mehr als 3000 Strukturen entdeckt und dokumentiert, darunter Pyramiden und Tempel, Paläste und Kultstätten, Terrassen und Plätze, große und kleine Bauten, Ballspielplätze, über 200 Steinplastiken, bestehend aus behauenen und unbehauenen Stelen und Altären. Über 100 000 Einzelstücke wie Werkzeuge und Schmuckstücke und über eine Million Tonscherben wurden freigelegt. Solche Zahlen sind ein Hinweis auf die Größe und den Reichtum Tikals, von dem bisher ja nur ein kleiner Teil, wenn auch wohl der bedeutendste, ausgegraben wurde.
Vom Haupteingang der archäologischen Stätte ist es eine halbe Stunde Fußweg bis zum Zentrum der zwei Kilometer entfernten Ruinenstadt. Auf halber Strecke passiert man zur Rechten einen beschilderten, mehrere hundert Jahre alten Ceiba-Baum. Die Maya verehrten die Ceiba als heiligen Baum. Sie zu fällen kam einem Sakrileg gleich. Auf einer alten Maya-Straße erreicht man durch dichten Urwald die Gran Plaza, den Großen Platz, das Zentrum Tikals. Überwältigt und verloren zugleich steht man vor den großen Bauwerken. Ohne Wis-

sen über die zeitlichen Abläufe ihrer Entstehung und die Bedeutung der Bauten bleibt Tikal ein großartiges, aber eher verwirrendes Erlebnis.
Die zeitlichen Zusammenhänge und die historischen Abläufe sind beim Besuch archäologischer Ausgrabungsstätten wohl die am meisten Verwirrung stiftenden Faktoren. Für die Geschichte der Maya haben die Archäologen eine einpräg-

Hauptaltar in der Basilika von Esquipulas

same Chronologie entwickelt, die mit kleinen Abweichungen natürlich auch für Tikal zutrifft. Die ausgeprägten Schöpfungsleistungen dieses Volkes fallen in die Zeit zwischen 250 und 900. Diesen Zeitraum bezeichnet die Fachwelt als klassische Periode und unterteilt sie nochmals in eine frühklassische (250 bis 550) und in eine spätklassische (550 bis 900). Die Zeit davor bis weit ins erste vorchristliche Jahrtausend nennt man Präklassikum. Im Präklassikum entwickelten die Maya die charakteristischen Merkmale ihrer Kultur und als Bestandteil davon ihrer Architektur – in Tikal fand man die ersten Spuren aus der Zeit 600 vor Christus. Im Klassikum steigerten sie sie zu einmaliger Größe und Prächtigkeit. Die meisten freigelegten Bauwerke Tikals sind im Klassikum, insbesondere in der spätklassischen Periode entstanden.
Die Gran Plaza ist das Herzstück Tikals. Hier konzentrieren sich auf engstem Raum die eindrucksvollsten und herausragendsten Bauwerke der Stadt. Zwei

Hüttendorf am Rio Dulce

Die Wasserfälle von Siete Altares liegen in der Nähe von Livingston

Devotionalienverkauf im Pilgerort Esquipulas

In Livingston leben viele einstige Sklaven

Hoch über Esquipulas erhebt sich die Basilika

Auch das ist Guatemala: Wasserfälle und Stromschnellen, breite Flüsse und Dschungel, karibische Ursprünglichkeit, dörfliches Leben und Wallfahrtsorte. Im Wallfahrtsort Esquipulas verehren jedes Jahr Tausende von Pilgern aus ganz Mittelamerika den Schwarzen Christus des Bildhauers Quirio Cataño in der Basilika Christo Mayor. Der Ort ist aber auch durch einen langersehnten Friedensschluß bekannt: Dort unterzeichneten 1986 durch Vermittlung des costaricanischen Staatspräsidenten Arias die Staaten Guatemala, Honduras, El Salvador und Nicaragua einen Friedensplan, der die Bürgerkriege in der Region beendete.

Pyramiden-Tempel und zwei von den Archäologen mit dem griechischen Wort Akropolis bezeichnete Palastgebäude rahmen den rund einen Hektar großen Platz ein. Heute ist er mit Gras bedeckt, früher war er gepflastert und mit Putz geglättet.

Auf diesen Fußböden der Gran Plaza spielten sich die großen religiösen Zeremonien der Priesterkönige für die Bewohner Tikals ab. Viele Stelen und die vor ihnen ruhenden runden Altarsteine unterstreichen diese religiöse Bedeutung des Platzes.

Meisterwerk aus der Blütezeit: Tempel des Großen Jaguars

Im Osten der Gran Plaza steht jener Tempel, der im Laufe der Jahre zum Wahrzeichen Tikals wurde: der Tempel des Großen Jaguars. Das insgesamt 44 Meter hohe Bauwerk, das um das Jahr 700 in der Zeit der späten Klassik entstand, besteht aus einer Pyramide als Unterbau, auf der der dreiräumige Tempel mit seinem hohen Dachkamm ruht. Von den Darstellungen auf dem hölzernen Türsturz über dem Tempeleingang hat dieses Bauwerk seinen Namen.

Der Tempel des Großen Jaguars überragt die Gran Plaza. Zur Spitze führt eine sehr steile Treppe. Ihre Stufen sind schmal und hoch. Eine Haltekette erleichtert das Hinaufklettern. Oben bietet sich eine grandiose Aussicht auf die Gran Plaza und über den Urwald, aus dem die Dachkämme der anderen großen Pyramiden herausragen.

Die Gräber offenbaren die Rituale der Lebenden

Unter der Pyramide entdeckten die Archäologen 1958 ein vier Meter tiefes Grab mit Keramik- und Schmuckbeigaben. Sie gaben ihm den nüchternen Namen Grab 116, aber was sie da zutage förderten, erweiterte wesentlich ihr Wissen um die Rituale der Maya. Das Skelett lag auf einer Matte, die mit Jadekugeln und rötlichen Austernschalen aus dem Pazifik verziert war. 180 bearbeitete Jadestücke, Halsketten, Ohrschmuck, Arm- und Fußbänder schmückten den Leichnam. Zusammen wogen sie über sieben Kilogramm. Große Gefäße und Teller lagen auf dem Boden, in einer Ecke 90 Knochenstücke, einige davon mit Hieroglyphen und Szenen mit Gottheiten.

Gegenüber dem Tempel des Großen Jaguars, der bei den Archäologen nur »Tempel I« heißt, steht auf der Gran Plaza der Tempel II. Ihn bezeichnen die Führer stets als »Tempel der Masken«, weil die Treppe seiner Pyramide von zwei großen Masken flankiert wird. Auch diese Tempelanlage wurde um 700 erbaut und ist mit 38 Metern Höhe das kleinere Pendant zum Jaguartempel. Die Treppe hinauf zum Tempelraum wurde sehr gut restauriert, so daß man gefahrlos hinaufsteigen kann. Vor der Pyramide steht die größte Stele Tikals, ein 3,50 Meter hoher, unverzierter Monolith mit dem dazugehörigen runden Altarstein. Die meisten anderen Skulpturen sind im Stelenmuseum, einem großen Betonbau am Eingang der Anlage, zu sehen.

Noch immer gibt Tikal den Archäologen Rätsel auf

Die eine Längsseite der Gran Plaza wird von der Nördlichen Akropolis begrenzt, die auf unterschiedlichen Ebenen angelegt wurde. Eine Reihe der Bauten diente offensichtlich religiösen und zeremoniellen Zwecken, bei vielen anderen ist die Funktion unklar. Sie ist so restauriert worden, daß die älteren, darunterliegenden Bauwerke aus der frühklassischen Periode noch zu sehen sind.
Man benötigt fast einen halben Tag, um allein die Gran Plaza gebührend zu erkunden. Dann hat man aber noch nicht die vielen anderen Bauwerke im Umkreis von mehreren Kilometern aufgesucht. Auf keinen Fall auslassen sollte man die vier weiteren großen Tempel, darunter den 55 Meter hohen Tempel III oder Tempel IV, der 741 entstand und mit fast 65 Metern das höchste Bauwerk Tikals ist.

Vom Tempel IV bietet sich ein phantastisches Panorama

Die Fassaden der Tempelpyramide IV sind noch nicht restauriert. Über einen steilen Pfad, durch Buschwerk und über Leitern steigt man zur Plattform hinauf, auf der die drei Tempel-Räume stehen. Wer ganz mutig ist, wagt sich noch höher bis zum Dachkamm. Dies ist der Platz, den nur wenige Besucher bereits morgens während der Dämmerung um 5 Uhr erklimmen, um einen Sonnenaufgang über Tikal und dem mittelamerikanischen Urwald zu erleben.

Die Stadt Flores liegt mitten im Petén-Itzá-See

Badespaß für die Kinder von Flores

Uaxactún, 24 Kilometer nördlich von Tikal, war fast 600 Jahre lang ein wichtiges Maya-Zentrum

REISE-INFO *GUATEMALA: NORDEN*

Quirigua

Karte: Seite 112/113, Planquadrat E 5.
Anreise: Von Guatemala-Stadt auf der Schnellstraße Carretera del Atlantico (CA 9) Richtung Puerto Barrios bis Los Amates, 2 km hinter Los Amates Abzweigung nach Osten; von hier 3 km durch Bananenplantagen bis zur Ruinenstätte. Wer mit dem Bus anreist (5 Std. von Guatemala-Stadt), kann in Los Amates bzw. von der Abzweigung hinter Los Amates mit einem Taxi Quirigua erreichen.
Unterkunft: »Hotel Royal«, das einzige Hotel mitten im Dorf, neben der Kirche, einfach, aber freundlich (kein Telefon, 11 Zi., DZ 25 Q). 4 km zurück an der Schnellstraße in Los Amates, hinter der Texaco-Tankstelle, Hotel »Santa Monica« (Tel. 47 85 36, 8 Zi., DZ ab 65 Q). Komfortabler, aber über eine Stunde entfernt (km 149 der Schnellstraße, Höhe Zacapa) das neue Hotel »Turicentro Valle Dorado«, eine Art Motel mit 32 Reihenbungalows, Zentralbau und Schwimmbad (Tel. 41 25 42).
Sehenswürdigkeiten: Quirigua ist die Maya-Stätte mit den größten und schönsten Stelen und den eindrucksvollsten zoomorphen Figuren; dagegen wurden bisher nur wenige Pyramiden und Tempel freigelegt. Die archäologische Stätte liegt in einem von dichtem Grün bedeckten Areal; die Fundstücke stehen an ihren Originalplätzen, werden aber wegen des vielen Regens von Palmdächern geschützt.
Man betritt die Anlage im Norden (tgl. 10–18 Uhr; Parkplatz, Restaurant). Von hier erstreckt sie sich etwa 1 km bis zur Akropolis im Süden. Dazwischen liegt die Gran Plaza, auf der sich die meisten Stelen befinden. Gleich hinter dem (noch nicht ausgegrabenen und rekonstruierten) Palacio Norte liegt Zoomorph B, ein riesiger behauener Steinblock von unregelmäßiger Form (4,60 m lang, 3,30 m breit und fast 2 m hoch). Er stellt ein unbekanntes Mischwesen dar, aus dessen Rachen ein menschlicher Kopf mit Armen und Schultern herausragt. In der Nähe stehen die Zwillingsstelen A (4 m Höhe) und C (4,30 m Höhe), die im Jahr 775 aufgestellt wurden und auf denen je ein Maya-Herrscher mit seinem Zepter abgebildet ist. Insgesamt sind auf dem zentralen Hauptplatz neun Stelen aus der Zeit zwischen 751 bis 805 gefunden worden, darunter auch die über 10 m hohe Stele E.

Flores

Karte: Seite 112/113, Planquadrat D 5.
Die Stadt Flores liegt auf einer Insel im Lago Petén Itzá (Petén-See) und ist über einen 500 m langen Damm (Puento Relleno) mit der Schwesterstadt Santa Elena auf dem Festland verbunden.
Anreise: Von Guatemala-Stadt mit dem Überlandbus nach Santa Elena (ca. 580 km, Fahrzeit 18 Std.) bzw. per Flugzeug (Flughafen 2 km östlich der Stadt am Seeufer; Preis: 80 US-$ einfach, tgl. mehrere Verbindungen. Aviateca, Tel. 81 13 37 oder Aerovisa, Tel. 81 15 13).
Unterkunft: In Flores: »La Mesa de los Mayas«, in einer kleinen Seitenstraße am Ortseingang (Tel. u. Fax 50 12 40, 9 Zi., DZ ab 25 US-$); an der entferntest gelegenen Stelle der Insel liegt das neue und schöne Hotel »Sabana« (Tel. u. Fax 50 12 48; 28 Zi., DZ ab 30 US-$). In Santa Elena: »Del Patio-Tikal«, neokoloniales Hotel mit Innenhof (Tel. 50 01 04, Fax 50 12 29, 21 Zi., DZ ab 55 US-$); »Maya Internacional«, Bungalowhotel am See (Tel. 50 12 76; 34 Zi, DZ ab 50 US-$).
Sehenswürdigkeiten: Auf der höchsten Erhebung der vollkommen bebauten Insel haben die Spanier im 18. Jahrhundert die rechteckige Plaza Mayor angelegt, an deren Seiten sich die Kathedrale und das Rathaus befinden; die Kathedrale beeindruckt durch ihre klare Linienführung und ihre 14 bunten Glasfenster.
Veranstaltungen: In Flores findet vom 12.–15. Januar das Fest zu Ehren des Cristo Negro statt, das von Umzügen und Tanzdarbietungen begleitet wird.

Bootsfahrt auf dem Rio Dulce

Ausflüge: Wer in Flores oder Santa Elena wohnt, sollte für die Fahrt ins 70 km entfernte Tikal wegen der längeren Aufenthaltsmöglichkeiten in der Ruinenstätte nicht den Linienbus (2 x tgl., 6 und 13 Uhr, Fahrzeit: 2 Std.), sondern die Minibusse der Hotels nehmen (Abfahrt nach Vereinbarung, ab Hotel »San Juan I« in Santa Elena; Fahrzeit: 1 Std.).
Grutas de Actún Kan heißen die großen Tropfsteinhöhlen 3 km südlich von Santa Elena: Die Cueva de la Serpiente, die »Schlangenhöhle« mit zahlreichen Räumen und Hallen, ist unter ihnen die sehenswerteste.
Das Biotopo Cerro Cahui, ein 650 ha großes Waldgelände am Nordufer des Sees Petén Itzá, erreicht man per Boot von Flores oder über Santa Elena auf dem Landweg (um das Ostufer des Sees herum über El Remate). In dem subtropischen Regenwaldgebiet leben buntleuchtende Papageien, Echsen, Schlangen und Schildkröten und eine besondere Truthahnart (Pave del Petén).
Im Südwesten von Flores liegt Sayaxché, heute seit der Landvergabe in Petén eine kleine Stadt an den Ufern des Rio de la Pasión, 65 km von Flores entfernt. Sayaxché ist Ausgangspunkt für eine Exkursion nach Dos Pilas (Zwei Brunnen), eine Maya-Stätte westlich der Lagune Petexbatún mit schönen Stelen und einer unvollendeten Hieroglyphentreppe (um das Jahr 700).
Eine Maya-Stätte, die ihre Blütezeit erst in der späten klassischen Periode nach 830 erlebte, ist Ceibal, 20 km östlich von Sayaxché am Rio de la Pasión (Anreise nach Möglichkeit mit dem Boot ab Sayaxché flußabwärts). Die vier Gebäudegruppen, etwa 100 m vom Fluß entfernt, verteilen sich auf 1 qkm und sind architektonisch von Einwanderern aus Yucatan beeinflußt. Archäologisch herausragend ist die Stele 10 aus dem Jahr 870, die Herrscher und Städte der Maya in dieser Region des Tieflandes nennt.

Tikal

Karte: Seite 112/113, Planquadrat D 4.
Der Parque Nacional Tikal (ca. 600 qkm) wurde wegen seiner Vielfalt an Fauna und Flora und den abertausenden Spuren der Maya-Zivilisation 1957 offiziell unter Schutz gestellt.
Anreise: Die meisten Besucher benutzen das Flugzeug bis Flores und fahren von hier mit Bus oder Pkw zur 70 km ent-

fernten Ruinenstätte. Tikal, ca. 550 km von Guatemala-Stadt entfernt, erreicht man per Auto über die Landstraße CA 9 (Carretera del Atlantico) in Richtung Norden, die in Morales (Km 244) auf die Abzweigung in Richtung San Felipe stößt. Dort biegt man Richtung Norden ab. Die geteerte Straße führt von Flores weiter über El Remate zum Nationalpark Tikal. Diese Straße wird 15 km hinter El Remate an der Grenze des Nationalparks durch eine Schranke gesperrt und durch Park-Ranger kontrolliert. Von hier sind es noch 12 km bis zum großen Parkplatz. An diesem Parkplatz liegen das Besucherzentrum mit dem Stelen-Museum, verschiedene Restaurants und der Campingplatz.

Unweit davon entfernt, d. h. im Nationalpark, aber außerhalb des Bezirks der archäologischen Stätte, stehen die Hotels.

Unterkunft: In unmittelbarer Nähe der Ruinenstadt Tikal gibt es nur drei Hotels und einen Campingplatz.

»Jungle Lodge«, am nächsten an den Ruinen; die Anlage wurde 1980 als Quartier für die grabenden Archäologen gebaut, 34 Bungalows, schöner Zentralbau mit Restaurant, Schwimmbad (kein Tel., Reservierung in Guatemala-Stadt, Tel. 768775, Fax 760294, 44 Zi., DZ ab 25 US-$); »Jaguar Inn«, ein Steinbau im Dschungel (DZ ab 20 US-$); »Tikal Inn«, am Waldrand, Zentralbau mit Zimmer und Zusatzbungalows, viel Grün und Blumen (24 Zi., DZ 50 US-$).

Auf dem Campingplatz (c/o »Tikal Inn«) kann man auch Zelte leihen (Gebühr: 8 US-$), Gebühr für den Platz 40 Q pro Person und Nacht.

Wem die tägliche Anreise von El Remate (ca. 40 km) mit dem hoteleigenen Shuttle-Bus (Preis: 10 US-$) nicht zu aufwendig ist, kann sich auch hier einquartieren: »Camino Real Tikal«, das schönste und beste Hotel der Gegend, liegt direkt am Nordufer des Petén-Sees, ein Dutzend palmgedeckter Bungalows inmitten des Dschungels (Telefon 23 46 33, Fax 37 43 13, 72 Zi., DZ ab 150 US-$).

In El Remate bieten auch Maya-Familien entlang der Straße Privatquartiere an (Cabañas, ab 15 Q).

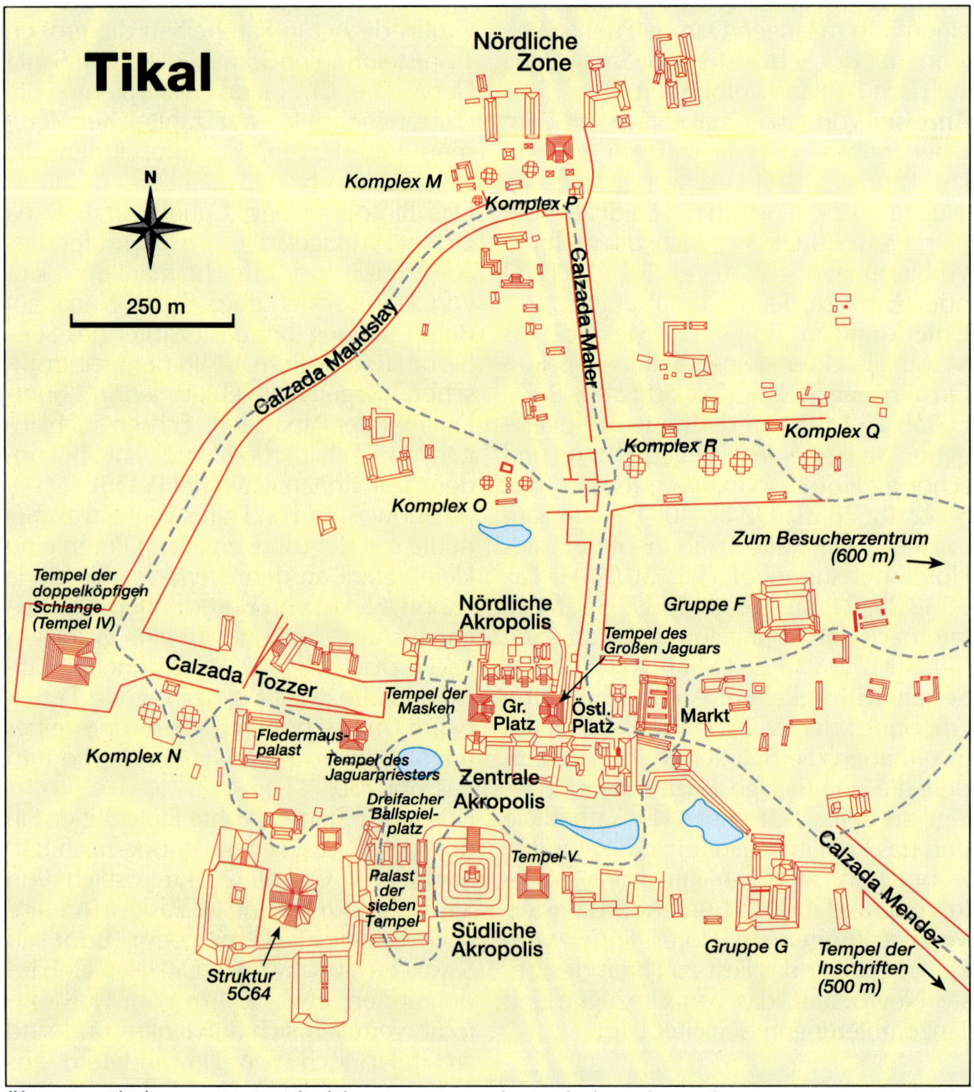

Über eine Fläche von 16 Quadratkilometern erstrecken sich die Anlagen der Maya-Metropole Tikal

Sehenswürdigkeiten: In der ca. 16 qkm großen archäologischen Stätte von Tikal muß man sich zu Fuß bewegen; oft betragen die Entfernungen zwischen den einzelnen Bauwerken bis zu 30 Min. Zwar sind die Wege innerhalb des von dichtem Dschungel bedeckten Geländes gut ausgeschildert, aber ohne einen Lageplan findet man sich schwer zurecht. Die Bauwerke tragen nicht immer einen Namen, manchmal nur eine Nummer, oft aber beides zusammen. Besonders sehenswert: Gran Plaza mit dem Tempel des Großen Jaguars (Tempel I) und Tempel der Masken (Tempel II) und der Akropolis, Tempel III, Tempel der Inschriften (766), El Mondo Perdido (die »Verlorene Welt«) mit 38 Objekten, Tempel V (700), Platz der sieben Tempel.

Museen: Im linken Südflügel des Besucherzentrums am Parkplatz befindet sich das Stelen-Museum, in dem Kopien der bedeutendsten Stelen Tikals stehen; ein Modell der gesamten Anlage vermittelt einen guten Überblick über die tatsächliche Größe Tikals (tgl. 9–13, 14–17 Uhr). Ausgrabungsfunde des Archäologenteams der US-amerikanischen Pennsylvania State University werden im Museo Sylvanus Morley ausgestellt, u. a. eine Nachbildung des Herrschergrabs Nr. 116 (zwischen den Hotels »Jungle Lodge« und »Maya Inn«, tgl. 9–13, 14–17 Uhr).

Ausflüge: Knapp 24 km nördlich von Tikal mitten im Dschungel liegt die Maya-Stätte Uaxactún (Acht Steine), deren Ausgrabung zwischen 1926 und 1937 wesentliche Erkenntnisse über die Maya-Schrift und die Kalenderberechnungen zutage förderte. Über 600 Jahre lang war es ein bedeutendes Zentrum, bis es nach 900 aufgegeben wurde. Hauptsehenswürdigkeit ist die Stufenpyramide der Gruppe E, die an vier Seiten Treppen besitzt und von 18 großen Masken des Regengottes Chac und anderen Gottheiten geschmückt wird. Uaxactún ist von Tikal nur während der Trockenzeit (Nov.–April) mit dem Bus über eine Piste zu erreichen.

Die Einheimischen bleiben am Badestrand von Flores meist unter sich

Der Schwarze Christus von Esquipulas

Tikal: Stele 22

Furchteinflößende Gottheit: Zoomorph P in Quirigua

Guatemala ist wegen seiner ursprünglichen Landschaften, seinem reichen kulturellen Maya-Erbe und seiner aufgeschlossenen Bevölkerung eines der schönsten und interessantesten Reiseländer Mittelamerikas. Doch mehr Touristen werden erst dann kommen, wenn die Menschenrechtsverletzungen durch das Militär und die Großgrundbesitzer aufhören.

»Tempel der verlorenen Welt« in Tikal

GUATEMALA: BERGLAND

Das Erbe der Maya

In keinem Land Mittelamerikas leben mehr Indígenas als in Guatemala. Besonders viele sind im Bergland zu Hause rund um den Atitlán-See und Chichicastenango. Dort sind die alten Traditionen noch lebendig, tragen die Frauen auch im Alltag ihre farbenfrohen, kostbaren Trachten und sprechen eine der 31 Maya-Sprachen (Foto: Indígenas in Zunil).

An der Schiffsanlegestelle von Panajachel am Atitlán-See

Die alte Kathedrale von Panajachel

Santa Catarina Palopó am Atitlán-See

Indígena-Mädchen in Santa Catarina Palopó

Vom »Hotel Del Lago« in Panajachel hat man einen wunderbaren Blick über den »schönsten See der Welt«, den Atitlán-See. An den Ufern des rund 150 Quadratkilometer großen, beständig 20 Grad warmen Binnenmeeres liegen zahlreiche Indígena-Dörfer und die mehr als 3000 Meter hohen Vulkane Tolimán, Atitlán und San Pedro. Die am See lebenden Maya-Völker achten auch heute noch streng auf ihre jeweiligen, sehr unterschiedlichen vorspanischen Traditionen. Auch im Alltag tragen sie ihre unverwechselbaren Trachten und sprechen ihre Indígena-Dialekte.

Wenn man auf der vielbefahrenen Panamericana aus Guatemala-Stadt kommend nach zwei Stunden die Kreuzung Los Encuentros endlich erreicht hat, kann man aufatmen. Denn die transamerikanische Durchgangsstraße Richtung Mexiko ist immer überfüllt. Nur langsam kommen dort im Hochland die vielen Lastwagen vorwärts, kilometerlange Staus und schwere Unfälle sind an der Tagesordnung.

Verkehrsknotenpunkt im Bergland: Los Encuentros

Los Encuentros ist eine Art Knotenpunkt, kein Dorf, eher ein Kreuzungsort mit Infrastruktur für Autofahrer. Wie auch an anderen Stellen Guatemalas sind diese Verkehrsdrehscheiben zugleich eine Ansammlung von Imbißständen, fliegenden Händlern, streunenden Hunden, Getränkebuden und Obstständen sowie wartenden Reisenden. In Los Encuentros gabeln sich die Autoströme. Nur die Lkws quälen sich weiter auf der Panamericana über Quezaltenango Richtung Mexiko. Die Touristen sind entweder drei Kilometer vorher Richtung Norden nach Chichicastenango abgebogen oder fahren nach Süden zum Atitlán-See.
Hinter der nächsten Kurve kann man ihn jetzt in 15 Kilometern Entfernung sehen, diesen »schönsten See der Welt«, wie der englische Schriftsteller Aldous Huxley die Laguna de Atitlán einmal nannte. Dann führt die Straße vorbei an einer großen Kaserne, die daran erinnert, daß hier vor wenigen Jahren noch der Bürgerkrieg wütete. Wenig später erreicht man Sololá, die Distrikt-Hauptstadt.
Sololá, die oberhalb des Atitlán-Sees 1547 gegründete Stadt, ist ein historischer Umschlagplatz zwischen Bergland und Pazifikküste, und es hat diese Funktion bis heute bewahren können. Jeden Dienstag und Freitag ist Markt auf dem zentralen Platz vor der Kathedrale. Dann strömen, fein herausgeputzt, aus der ganzen Umgebung die Menschen herbei, um sich mit Waren zu versorgen, Verwandte und Bekannte zu treffen.

Markt in Santiago Atitlán

Einzigartiger Mikrokosmos: Maya-Trachten

Auf allen Märkten im Hochland, insbesondere in Sololá, kann man die herrlichsten und vielfältigsten Trachten sehen. Jedes Dorf hat seine eigene: Anhand der Farben und Muster der Röcke und Huipiles, der Kopftücher und Hüte, der Wickeltücher und Zopfbänder, lassen sie sich geographisch zuordnen. Manche Trachten sind zudem auch voller Symbole, die etwas über den sozialen und gesellschaftlichen Stand der Trägerin verraten. Jedes Gewebe stellt eine Art Mikrokosmos dar, dessen Elemente aus der lokalen Mythologie und Historie entnommen sind.
Von Sololá sind es nur wenige Kilometer bis nach Panajachel, dem großen Fremdenverkehrszentrum am Nordufer des Atitlán-Sees. In Panajachel befinden sich die meisten Hotels, hier ist die touristische Infrastruktur am besten, hierher kommen die meisten Touristen.

Jedes Dorf webt seine eigenen charakteristischen Stoffe

Was Panajachel so attraktiv macht, ist die Lage am See mit dem Blick auf die Vulkane. Besonders am Abend kann man den Blick von der ins rötliche Licht der untergehenden Sonne getauchten Seeoberfläche kaum abwenden, die sich vor den schwarzen Vulkansilhouetten wie eine spiegelglatte Eisfläche abhebt.
Vom Ufer des Sees steht der Öffentlichkeit in Panajachel nur ein etwa einen Kilometer langer Playa Publica zur Verfügung. Der Rest ist in Privat- oder Hotelbesitz. Westlich des Flusses liegt das Zentrum mit der 1524 von Franziskanern errichteten Kirche. Hier wohnen bevorzugt die Ladinos, die sich dem einträglichen Tourismusgeschäft widmen, während die Indígenas vorwiegend im Ostteil und im Norden wohnen, weil sie hier hinter ihren Hütten noch Gärten für ihren Lebensunterhalt bestellen können.
Rund um den etwa 150 Quadratkilometer großen, beständig 20 Grad warmen Atitlán-See liegen mehrere Orte und Siedlungen, die von den Cakchiquel- und Tzutuhil-Maya bewohnt werden; wie nur wenige andere Maya-Ethnien halten sie bewußt an ihren Traditionen fest.

Trachten und Traditionen am Atitlán-See

Voller Stolz tragen die Menschen dort auch werktags und nicht nur zu den Markttagen ihre unverwechselbaren Trachten. In der größten Stadt am See, in Santiago Atitlán, kommt bei den Frauen zu den blumenbestickten Blusen mit den quadratischen Mustern ein auffälliges, rotleuchtendes besticktes Kopfband hinzu, dessen schlangenförmig aufgewickelte Windungen einem flachen Hut gleichen. Schon die kleinen Mädchen schmücken sich mit dieser Kopfbedeckung. Es soll die Trägerin schützen, indem es das Symbol der Mondgöttin aufgreift, die auch die »Große Regenbogenschlange« genannt wird.
Chichicastenango, am Fuß des Pocoqil im guatemaltekischen Hochland gelegen, ist eine Kleinstadt. Weniger als 10 000 Einwohner leben in dem hügeligen Ort mit seinen kopfsteingepflasterten Straßen und flachen, weißgekalkten Häusern mit roten Ziegeldächern. Aber jeden Donnerstag und jeden Sonntag sind die Busse nach Chichicastenango total überfüllt. Denn an diesen beiden Tagen ist Markt im 2100 Meter hoch gelegenen Zentrum der Quiché-Maya

Holzmasken für die Touristen

Marienverehrung beim Santo-Tomás-Fest

Markt in Chichicastenango: Feilschen . . .

. . . und Warenangebot (unten)

Chichicastenango war lange vor der Ankunft der Spanier ein zentraler Marktflecken der Quiché-Maya im guatemaltekischen Hochland. Bis heute hat es diese Markttradition bewahrt. Dazu beigetragen hat auch die 1540 von den spanischen Eroberern errichtete Kirche Santo Tomás, die von den Indígenas der umliegenden Dörfer häufig nach dem Markt besucht wird.

150 Kilometer nordwestlich von Guatemala-Stadt. Viele der mehr als 1000 Händler aus der Umgebung reisen schon am Vorabend in die Stadt und bauen auf der Plaza Mayor zwischen den Kirchen Santo Tomás und Capilla del Calvario und in den angrenzenden Gassen ihre Stände auf.

Der große Indígena-Markt von Chichicastenango

Tags darauf kann man sich durch Chichicastenango nur noch schiebend vorwärts bewegen. Anfänglich wurden nur Produkte wie Mais, Bohnen, Zwiebeln, Obst, Gemüse, Hühner und Schweine, Töpfe, Handwerkliches aus Holz oder Blech, aber auch Kaffee, Textilien und Keramik angeboten. Doch mit der Zeit wurde der Markt von Chichicastenango immer beliebter und umfangreicher. Heute finden die Besucher auch all das, was Touristen besonders interessiert: vornehmlich Webarbeiten, Keramik und Holzmasken, Tischdecken und zahlreiche schöne Nachahmungen »antiker« Maya-Objekte.

Der Markt von Chichicastenango hat seinen besonderen Reiz. Auch hier hat jedes der Dörfer, aus denen die Indígenas in ihren traditionellen Trachten auf den Markt kommen, seine eigenen Farben und Muster, und je näher man durch die vielen Stände zur Kirche Santo Tomás vordringt, um so einheimischer wird der Markt. Die große Cantina unter freiem Himmel, in der Maya-Frauen über offenen Feuern Tortillas und Kaffee zubereiten, ist ein beliebter Treffpunkt der Männer, die sich hier von der Nacht erholen, die sie in dicke Decken eingewickelt neben ihren Waren schlafend verbracht haben.

Quiché-Maya mit Nobelpreis: Rigoberta Menchú

Das 10 000-Einwohner-Städtchen Chichicastenango ist heute kommerzielles und kulturelles Zentrum der Quiché, jenes Maya-Volkes, dem Rigoberta Menchú angehört, die 1992 für ihr mutiges Eintreten gegen die Menschenrechtsverletzungen in ihrem Heimatland den Friedensnobelpreis erhielt. Rigoberta Menchú mußte 1981 aus Guatemala fliehen, nachdem ihre Eltern und ihr Bruder von Militärs ermordet worden waren. Von ihrem mexikanischen Exil aus war sie seit-

Der »Tanz der Conquistadores« vor der Kirche Santo Tomás in Chichicastenango

Am 21. Dezember feiert Chichicastenango das Fest des Schutzpatrons Santo Tomás

dem eine unermüdliche Anwältin der Maya, deren Leidensgeschichte unter den guatemaltekischen Militärregierungen sie in Büchern bekannt machte.
Lange vor der Eroberung durch die Spanier war Chichicastenango die Hauptresidenz der Cakchiquel, die aber die Stadt verließen und nach Iximché übersiedelten. Hier wähnten sie sich vor den feindlichen Quiché sicher, deren damalige Hauptstadt Utatlán nur 20 Kilometer entfernt lag. Alvarado eroberte 1524 Utatlán, woraufhin die überlebenden Quiché nach Chichicastenango zogen.
Heute wird Chichicastenango gemeinsam von Ladinos und den Quiché verwaltet. Dafür sorgen die Confradres, die Vorsteher christlicher Laienbruderschaften. Die bedeutendste dieser Vereinigungen, von denen jede einen anderen Heiligen verehrt, ist die Confradia Santo Tomás, die den Namen des Schutzpatrons von Chichicastenango trägt. Nach ihm ist auch das wichtigste Bauwerk der Stadt benannt, die Kirche Santo Tomás. Sie wurde 1540 von Dominikanern auf den Ruinen eines Maya-Tempels errichtet. Zum dunklen Hauptportal der kalkweißen Kirche führt eine 18stufige Treppe, deren Quader schon die Stufen der alten Maya-Pyramide bildeten.

Schmelztiegel der Religionen: Santo-Tomás-Kirche

An dieser Treppe, auf deren unteren Stufen sich meist Blumenverkäufer niederlassen, spürt man, wie stolz und demonstrativ die Indígenas an ihren Maya-Traditionen festhalten. Auf der Treppe wird geopfert, Kopalharz verbrannt, laut zu den alten Göttern gebetet, werden Kerzen angezündet. Die einfachen, selbstgefertigten Räuchergefäße aus Blech mit den glimmenden Duftharzen werden vor dem Betreten der Kirche mit den selben rituellen Bewegungen hin und her geschwenkt, mit denen die Maya-Priester einst vor den Tempeln die bösen Geister vertrieben. Immer ist die Treppe voller Asche- und Kerzenreste. Der Rauch der verbrannten Früchte- und Pflanzenopfergaben dringt bis ins Innere der Kirche.
Der Raum ist düster und ein einmaliger Ort religiösen Synkretismus', der Vermischung von Katholizismus und Maya-Glaube. Zu beiden Seiten des Hauptschiffes stehen einfache Holzbänke, im Mittelgang liegen flache Opferaltarsteine.

Am Fuß des Vulkans Santa María liegt Quezaltenango, die zweitgrößte Stadt Guatemalas

Andenkenverkäufer vor der Kathedrale in Santa Cruz del Quiché

Quezaltenango, mit 500 000 Einwohnern die zweitgrößte Stadt Guatemalas, ist heute ein modernes Handels- und Industriezentrum. Viele Bauwerke der Stadt erinnern an die koloniale Vergangenheit. In den umliegenden Dörfern sind die traditionellen Gesellschaftsstrukturen noch weitgehend intakt.

Quezaltenango: Kathedrale mit dem Portal von 1535

Waschplatz in Quatro Caminas

Markt in Quezaltenango

Während die einen gemäß katholischer Liturgie auf den Holzbänken sitzen oder knien, brennen andere auf den Altarsteinen im Mittelgang Dutzende von Kerzen ab, benetzen den Stein mit Tequila, legen Gladiolen nieder, nehmen dabei murmelnd mit den Vorfahren Kontakt auf oder tragen den Maya-Gottheiten ihre Bitten vor. Die katholische Kirche duldet diese Riten, vereinbarungsgemäß

Quezaltenango: Treffpunkt Zocalo

sind ihre Priester nur bei den Messen anwesend. Gottesdienste werden in Santo Tomás zweisprachig – in Spanisch und in Quiché – abgehalten, und die Kirchenlieder sonntags statt von einer Orgel von einer Marimba begleitet.
Die katholische Kirche könnte die reine vatikanische Lehre in Chichicastenango nicht durchsetzen, geschweige denn die Verschmelzung von katholischen und indigenen, traditionellen Glaubensanteilen aufheben. Sie will es auch nicht. Viele ihrer Priester stehen auf der Seite der einfachen Maya. Drei von ihnen wurden in den frühen achtziger Jahren deshalb von den Militärs ermordet; ihre Gräber auf dem Friedhof der Stadt werden regelmäßig mit Gladiolen, der den Maya-Gottheiten heiligen Blume, geschmückt. Katholische Priester genießen in Chichicastenango nicht nur deshalb besonderes Ansehen. Einer von ihnen, der Dominikaner Francisco Ximenéz, entdeckte 1701 im Klostergebäude neben der Santo-Tomás-Kirche das Popul Vuh, das »Buch des Rates«; es gilt als eine der ganz großen Schriften der Maya-Literatur.
Das Popul Vuh ist in Latein verfaßt. Dafür gibt es eine einfache Erklärung: Die Nachkommen aus den Maya-Herrscherfamilien hatten in den spanischen Klosterschulen Latein gelernt und zeich-

neten die Überlieferungen ihrer Vorfahren in dieser Sprache auf. Das Popul Vuh ist eine große Sammlung unterschiedlicher Texte, die »Wissen« aus der Zeit vor der spanischen Eroberung festhalten: Wie die Welt entstand, wie die »Maismenschen« – so nannten sich die Maya selbst – geschaffen wurden, woher die unterschiedlichen Maya-Ethnien kamen und wie ihre Herrscher hießen. Der Dominikanerpater Brasseur de Bourborg veröffentlichte mehr als 150 Jahre nach Ximénez' Entdeckung das Werk zum ersten Mal im Jahr 1866 in Paris.

In der Woche vom 15. bis 21. Dezember ist in Chichicastenango während der christlichen Vorweihnachtszeit die Hölle los. Dann ist die ganze Stadt überfüllt von Besuchern aus der Umgebung, die das Fest zu Ehren des Schutzpatrons Santo Tomás feiern wollen. Höhepunkt ist der Geburtstag des Heiligen, der 21. Dezember. Für diesen Tag wird jedes Jahr die Kirche neu geweißt. Außer mehreren Prozessionen und Tänzen in traditionellen Trachten kommen dann die Voladores: Sie praktizieren ein altes Ritual: Sie »fliegen« von einem 30 Meter hohen Pfahl, an dessen Spitze ein rotierender Holzrahmen befestigt ist, an Seilen den Stamm umkreisend auf den Boden.

Maya-Hotel für wohlhabende Touristen

Reiche Touristen, arme Indígenas: Auch in Chichicastenango ist dieser Kontrast allgegenwärtig. Nur einen Steinwurf entfernt vom zentralen Marktplatz, auf dem Maya-Frauen stundenlang vor ihren Waren stehen, um am Abend wenigstens ein paar Quetzales mit nach Hause zu bringen, hat 1932 der US-Amerikaner Alfred S. Clark in einem alten Bauernhaus sein Hotel »Maya Inn« eröffnet. Zur stilgerechten Möblierung der 30 Zimmer reiste Clark im Land umher und kaufte alte Truhen, wertvolle Schränke, Heiligenfiguren und Kristallspiegel auf. Jedes Zimmer im »Maya Inn« ist deshalb ein eigenes kleines Museum, und für jeden Gast wird eigens ein Bediensteter in traditioneller Maya-Kleidung abgestellt, der während des Aufenthaltes für das Wohl des Besuchers zuständig ist. Die europäischen und vor allem die US-amerikanischen Gäste sind überwältigt von der stilvollen »Begegnung mit der Maya-Kultur«, die jedoch in Wirklichkeit kaum mehr als werbewirksame Folklore dar-

Kathedrale des Landstädtchens Zunil

Festlich geschmückt ist die Kirche von Cantel

Trotz des Tourismus ist das guatemaltekische Hochland sehr ursprünglich geblieben. In den abseits gelegenen Dörfern, deren Geschichte oft weit in die vorspanische Zeit reicht, errichteten im Schutz der spanischen Krone katholische Mönchsorden im 16. Jahrhundert zahlreiche Kirchen. Heute sind diese Gotteshäuser Ort und Symbol des Glaubens der bekehrten Indígenas, die Katholizismus und Maya-Religionen miteinander verschmolzen haben.

Markt vor der Kirche von Almolonga

Soweit das Auge reicht: fruchtbare Landschaft im Hochland von Guatemala

Zentralschiff der Iglesia de San Christobal in Totonicapán

stellt, die wohlhabende Besucher in die teure Nobel-Herberge locken soll.
Den Nachkommen des Alfred S. Clark gehört inzwischen auch »Clark Tours«, das größte auf ausländische Gruppenbesucher spezialisierte Reiseveranstaltungsunternehmen in Guatemala. Von dem Preis, den die ausländischen Besucher für die Rundreise aus der Hauptstadt nach Chichicastenango bezahlt haben, blei-

Klassizistisches Theater in Totonicapán

ben also neun Zehntel bei Clark hängen. Mit dem restlichen Zehntel müssen die Indígenas auskommen – das ist schon seit Jahrhunderten so, seitdem mit den Spaniern die ersten Fremden ins »Land der Maismenschen« kamen.
Quezaltenango ist eine Stadt der Durchreise. Jeder, der aus dem Nachbarland Mexiko kommt oder nach Mexiko fährt, passiert Xelajú, wie die Stadt in Quiché-Maya heißt; Eingeweihte verwenden nur die Abkürzung Xela. Obwohl Quezaltenango als eine der ersten Städte 1524 von Pedro de Alvarado gegründet wurde und heute die zweitgrößte Stadt des Landes ist, besitzt sie keine herausragende Sehenswürdigkeit mehr. Die zahlreichen Erdbeben haben vieles zerstört. Aber die Stadt hat Atmosphäre und ist dank ihrer Infrastruktur ein idealer Ausgangspunkt für den Besuch der ländlichen Umgebung mit ihren farbenprächtigen Marktflecken.

REISE-INFO *GUATEMALA: BERGLAND*

Panajachel

Karte: Seite 112/113, Planquadrat F 4.

Anreise: Von Guatemala-Stadt fährt man auf der Panamericana (Carretera No. 1) ca. 140 km Richtung Westen bis Los Encuentros und zweigt hier Richtung Süden nach Sololá ab. Von Sololá führt eine steile Serpentinenstraße, die in der Regenzeit wegen Erdrutschgefahr öfters gesperrt ist, hinunter zum Atitlán-See, an dessen Nordufer Panajachel liegt.

Unterkunft: Panajachel ist das wichtigste Touristenzentrum am Atitlán-See. Entsprechend groß ist das Hotelangebot. Von allen Zimmern des »Hotel del Lago« (2a Ave. 6-17, Ecke Rancho Grande, Zona 2; Tel. 62 15 55, Fax 6 215 62) hat man einen herrlichen Blick über den See; beste Lage, deutschsprechendes Personal (100 Zi., DZ 120 US-$). Ebenfalls am Seeufer, aber 2 km westlich des Zentrums am Ortseingang, liegt die alte Finca »San Buenaventura«, heute als Hotelanlage Atitlán, das schönste Hotel der Stadt (Tel. 62 14 16, Fax 62 14 17; 66 Zi., DZ 135 US-$). Übernachtung im schönen Doppelzimmer eines Bungalows bietet »Müller's Guest House«, die Villa eines deutschen Auswanderers, zwischen Zentrum und Seeufer (Calle Rancho Grande 1-81, Zona 2; Tel. 62 23 92, 62 24 42; 6 Zi., DZ 25 US-$). In einem Orangengarten steht die »Hospedaje Santa Isabel« (Calle Principal, Tel. 62 14 62; 6 Zi., DZ 12 US-$).

Essen und Trinken: Einfache Küche mit Salaten und Sandwichs bietet das »Al Chisme« (Calle los Arboles); das sehr beliebte »The Last Resort« serviert ausgezeichnete Küche zu gemäßigten Preisen (Calle Santander).

Ausflüge: Panajachel ist Durchgangsort für alle anderen Orte am Atitlán-See. Von hier führt eine Straße in östlicher Richtung rund um den See, die in Santa Cruz La Laguna endet. Entlang dieser Straße kann man alle Orte am Atitlán-See erreichen. Von Panajachel fahren außerdem mehrmals täglich Schiffe zu den Orten Santiago Atitlán (Schiffsgesellschaft »Naviera Santiago«, Abfahrt 8.35, 10.30, 13 und 16.30 Uhr am Steg; Rückfahrt 6, 11.45, 14.00 und 15.00 Uhr; Preis für die einfache Strecke 7 Q), nach Santa Catarina, San Antonio und San Lukas (Abfahrt 9 Uhr, zurück 13 Uhr) und nach San Pedro Laguna (Schiffahrtgesellschaft »Barcos Zutuhil«, Abfahrt 8.20, 11, 12, 14, 16, 17.30, 19.30 Uhr und zurück von San Pedro 4.45, 6, 8, 10, 12 und 14 Uhr). Die »Santa Fe Boat Company« bietet See-Rundfahrten mit Besuch der drei Dörfer San Pedro, Santiago und San Antonio an. In jedem dieser drei Dörfer kann man sich eine Stunde aufhalten (Abfahrt Panajachel 9.30, Rückkehr 15.30 Uhr).

Am Südufer des Atitlán-Sees liegen drei Vulkane, zu deren Gipfeln Wanderwege führen (Aufstiegszeiten zwischen 4 und 6 Stunden). Ortskundige Bergführer vermittelt INGUAT (vgl. Information). Der Vulkan Atitlán (3536 m), der höchste, aber am weitesten entfernt gelegene, wird von San Lucas Tolimán aus bestiegen. Der Aufstieg zum Vulkan Tolimán, dessen Doppelkegel 3235 m und 2158 m hoch sind, kann an der Westseite von Santiago Atitlán oder an der Ostseite von San Lucas Tolimán erfolgen. Der Vulkan San Pedro (3020 m) wird von San Pedro La Laguna erstiegen.

Information: INGUAT (Calle Principal, Tel. 62 13 92; Mi–So 8–12, 14–18 Uhr, Mo 8–12 Uhr).

Chichicastenango

Karte: Seite 112/113, Planquadrat F 4.

Anreise: Entweder direkt mit dem Bus aus Guatemala-Stadt (Fahrzeit: 3 Stunden, Abfahrt: Bus-Terminal 2a-4a Ave., Ecke 6a-9a Calle, Zona 4) oder ab Los Encuentros an der Panamericana mit dem Pendelbus. Donnerstag- und Sonntagmorgen sind alle Busse nach Chichicastenango wegen des Marktes überfüllt.

Unterkunft: »Maya Inn«, Luxushotel im Kolonialstil (8. Calle an der Plaza Mayor, Tel. 56 11 76, Fax 56 12 12; 30 Zi., DZ ab 100 US-$); »Hotel Girón«, günstiges, um einen Innenhof gelegenes Hotel im Stadtzentrum (6a Calle 4-52, Zona 1, Tel. 56 11 56; 19 Zi., DZ ab 100 Q); »Pensión Chuguilá«, gemütliche Zimmer, teilweise mit Kamin, um einen ruhigen Innenhof (5a Ave. 5-24, im Norden der Plaza Mayor, Tel. 56 11 34; 26 Zi., DZ 28 US-$).

Chichicastenango: Prozessionsaltar

Sehenswürdigkeiten: Hauptsehenswürdigkeit des Ortes ist die Kirche Santo Tomás, die 1540 an der Ostseite der Plaza Mayor von Dominikanern auf den Ruinen eines Maya-Tempels errichtet wurde (Eingang für Nicht-Maya: rechts an der Kirche vorbei durch den Hof des ehemaligen Dominikanerklosters). Die Treppenstufen stammen noch von dem Vorgängerbau. Als Pendant steht an der Westseite der Plaza Mayor die Capilla del Calvario, ebenfalls erhöht auf einem Stufensockel. Do und So Markt auf der Plaza zwischen diesen beiden Kirchen.

Vom Friedhof (Cementerio) der Stadt (westlich der Plaza Mayor, Zugang über 1a Ave./a Calle, 6.30–17.30 Uhr) bietet sich ein schöner Blick auf die Stadt und die umliegenden Hügel. Auf dem Friedhof mit vielen blauen und grünen Gräbern, den traditionellen Farben der Quiché-Maya, erlebt man immer wieder, wie die Indígenas Opferrituale zelebrieren, mit denen sie Kontakt zu ihren Ahnen aufnehmen wollen, um sie um Rat zu fragen. An Allerheiligen und Allerseelen finden auf dem Friedhof Familienfeste zu Ehren und mit den Toten statt.

Museum: Der katholische Priester Ildefonso Rossbach, der der Kirche Santo Tomás von 1927–1939 vorstand, hat viele Exponate der Maya und eine kostbare Jadeschmucksammlung zusammengetragen, die heute im Museo Regional Arqueologico y Collección de Jade ausgestellt werden (Rathaus, Südseite der Plaza Mayor, Di–So 9–13 und 14–16 Uhr).

Essen und Trinken: Gutes Essen in angenehmer Umgebung bietet das Restaurant »La Fonda del Tzijolay« (Centro Commercial Santo Tomás); lokale Gerichte zu günstigen Preisen gibt es im »Restaurante Cucumatz« (Ecke 6a Ave./8 Calle).

Ausflüge: Santa Cruz de Quiché, die Hauptstadt des Department El Quiché, liegt 19 km nördlich von Chichicastenango in 2000 m Höhe. Die Straße führt zuerst in ein kiefernbestandenes Tal, überquert einen Fluß und windet sich dann in engen Serpentinen hinauf nach Santa Cruz de Quiché.

4 km westlich von Santa Cruz de Quiché (Ortsausgang, Calle 10) liegt Utatlán, die ehemalige Hauptstadt der Quiché. Von Utatlán, das im 13. Jh. gegründet wurde, ist wenig bekannt. Die archäologische Stätte liegt auf einem baumbestandenen Plateau; am Eingang befindet sich das Besucherzentrum mit einem Modell der Anlage sowie Fundstücken aus Keramik und Leder (tgl. 8–18 Uhr). Insgesamt ist die Anlage nur spärlich restauriert, mehrere Pyramiden sind gar nicht freigelegt. An der Westseite der Anlage führt ein schmaler, steiler Pfad zu einem dunklen, ca. 60 m langen Tunnel, der unter den Platz führt (Taschenlampe erforderlich).

Quezaltenango

Karte: Seite 112/113, Planquadrat F 4.
Anreise: Die zweitgrößte Stadt Guatemalas (500 000 Einw.) liegt 210 km westlich der Hauptstadt im Hochland der Sierra Madre; die Panamericana (Carretera No. 1) verläuft 10 km nördlich von Quezaltenango, Abfahrt in San Cristobál. Stündliche Busverbindung zwischen den Städten (Abfahrt in Guatemala-Stadt am zentralen Busbahnhof 2a-4a Ave., 61-9a Calle, Zona 4); am bequemsten ist der Schnellbus der »Gesellschaft Lima«. An allen Bussen nach Quezaltenango steht als Richtungsangabe immer nur der Maya-Name der Stadt: Xela.
Unterkunft: Quezaltenango verfügt über eine steigende Zahl von Touristenhotels aller Preisklassen. Die nobelsten Häuser der Stadt sind »Pension Bonifaz« (4a Calle 10-50, Zona 1, Tel. 61 22 79, Fax 61 28 50; 75 Zi., DZ ab 60 US-$) und »Villa Real Plaza« (4a Calle 12-22, Zona 1; Tel. 61 40 45, Fax 61 67 80; 59 Zi., DZ ab 70 US-$), beide direkt im Zentrum mit viel kolonialem Interieur. Etwas außerhalb an der Verbindungsstraße zur Panamericana (Carretera a Cantel) liegt das »Hotel del Campo«, ein komfortables Motel mit Schwimmbad (Tel. und Fax 63 16 63; 96 Zi., DZ ab 30 US-$). Wer zentrale Lage und Ruhe preiswerter verbinden möchte: »Hotel Modelo« in einem Garten (14 Ave. »A« 2-31, Zona 1; Tel. 61 25 29, Fax 63 13 76; 22 Zi., DZ ab 22 US-$).

Auf dem Friedhof von Chichicastenango

Sehenswürdigkeiten: Zentrum der Stadt ist der Parque Central, der auch Parque de Centroamérica genannt wird (11-12 Ave./4a-7a Calle), ein rechteckiger Platz mit Bäumen, Statuen, Brunnen und Steinbänken. Er ist von Gebäuden neoklassizistischen Baustils eingerahmt, die alle im 20. Jahrhundert errichtet wurden, darunter das Rathaus (Palacio Municipal), an der Ostseite die Kathedrale Esperitu Santo, die Casa de la Cultura mit dem Museum an der Südseite. In die wiederaufgebaute Kathedrale wurde die alte barocke Fassade von 1535 integriert.
Museum: Das Archäologische Museum (Museo Arqueológico) befindet sich in der Casa de la Cultura an der Südseite des Zentralparks; ausgestellt werden frühe Keramikgefäße und Jadeschmuck, in der naturwissenschaftlichen Abteilung, viele präparierte Tiere (7a Calle 11-35; Mo–Sa 8–12, 14–18 Uhr).
Essen und Trinken: Auf Meeresfrüchte spezialisiert hat sich das Restaurant »El Kopetín« (14 Ave. 3-31, Tel. 61 24 01); europäische und französische Küche serviert das »Royal Paris« (16. Ave. 3-05, Zona 3); sehr populär und preisgünstig ist »El Rincón de los Antojitos« (15a Ave./Calle 5, Zona 1).
Ausflüge: 20 km nordöstlich von Quezaltenango liegt in 2495 m Höhe Totonicapán, die kleine Hauptstadt des gleichnamigen Departments. Am Ortseingang wurde der Fluß zum Waschplatz gestaut. Im Nachbarort San Andrés steht eine Kirche aus dem 17. Jahrhundert, deren grellgelbe Fassade mit ihren naiven Stuckmotiven die Sehenswürdigkeit des ganzen Tales ist.
Ein Zentrum der Schafzucht ist Momostenango, 22 km nördlich von Totonicapán in 2250 m Höhe auf einer Bergspitze gelegen. Hier werden die Decken (Coldas), Ponchos und Jacken hergestellt, die in ganz Guatemala, aber besonders preiswert mittwochs und sonntags auf dem örtlichen Markt, angeboten werden. Nur 10 km südlich von Quezaltenango liegt Almolonga, ein kleiner Ort mit einer Kirche aus dem 16. Jahrhundert und dem bedeutendsten Gemüse-, Obst- und Blumenmarkt der Region.
Information: INGUAT (Casa de la Cultura), 7a Calle 11-35, Zona 1, Tel. 61 49 31; Mo–Fr 8–13, 14–17 Uhr, Sa 8–12 Uhr.

Die zentrale Tempel-Pyramide von Utatlán wartet noch auf ihre Restaurierung

„Die Finca meiner Eltern lag an einem Hang inmitten weiter Kaffeeplantagen.
Ständig knisterte das Feuer zwischen den Steinen. Meine Mutter röstete darauf die Kaffeebohnen:
Ein wunderbar milder Duft wehte über die rauhe Bergwelt Guatemalas.
Für mich ist Kaffee der
meiner Heimat Guatemala.
Man erzählte sich, daß so die Geister der Vulkane und der Sonne milde gestimmt werden.
Sie schenken meinem Land sein einmaliges Klima.
Dieses Klima und unsere Erfahrung lassen in der vulkanischen Erde
einen besonders faszinierenden Privat Kaffee wachsen:
Guatemala Grande."
Tchibo
Privat Kaffee
GUATEMALA GRANDE
Herzhaft und mild

Duft
Privat Kaffee verbindet uns mit den Menschen,
deren Leidenschaft Kaffee ist.
Überall auf der Welt.
Tchibo

So nannte einmal die Literaturnobelpreisträgerin Gabriela Mistral dieses kleinste Land des Subkontinents. Zu bieten hat El Salvador allerdings einiges: viel Natur, mehr als 50 Vulkane (Foto: Coatepeque-See; kl. Foto: Los Chorros), leere Strände, interessante Maya-Hinterlassenschaften in Tazumal und Joya de Cerén, Kolonialstädtchen und eine gute Infrastruktur.

EL SALVADOR

Der »Däumling Mittelamerikas«

Es ist ein wirklich schönes Land, dem die Spanier den Namen des Erlösers gaben. Für die Maya, die hier vor der Ankunft der europäischen Eroberer lebten – die Pipil in der Ebene der Pazifikküste, die Lenca und Ulna im Osten, die Chorti im Norden und die Pokomam im Westen – war es ein Land des Überflusses, in das sie der Legende nach Quetzalcoatl geführt hatte, die Gottheit der gefiederten Schlange mit dem Jaguarkopf. Sie nannten es Cuscatlán, das Land der Edelsteine.

El Salvador ist das kleinste aller zentralamerikanischen Länder, der »Däumling Mittelamerikas«, wie die chilenische Literaturpreisträgerin Gabriela Mistral es nannte; mit 21000 Quadratkilometern Fläche hat es die Größe Hessens.

Von seiner geographischen Beschaffenheit ähnelt das Land seinem Nachbarn Guatemala. Parallel zur breiten Küstenebene am Pazifik verlaufen von Südosten nach Nordwesten zwei Gebirgszüge, zwischen denen sich eine Hochebene ausdehnt; der nördlichere der beiden erreicht Höhen von 2400 Metern und bildet die Grenze zu Honduras. Hochebene und Gebirgshänge sind fruchtbare, teilweise bewaldete Gebiete.

Das unbekannte Land der »Feuerberge«: El Salvador

El Salvador ist das Land der Vulkane: Mehr als 50 »Feuerberge« gibt es dort, und immer wieder werden einige von ihnen aktiv. Vulkane waren es auch, die die Landschaften formten und zur Entstehung der klaren Bergseen führten, von denen der Ilopango mit 72 Quadratkilometern der größte ist.

El Salvador kann auch in anderen Bereichen mit Superlativen gegenüber seinen Nachbarstaaten in Mittelamerika aufwarten: Der Rio Lempa, der größte schiffbare Fluß Zentralamerikas, fließt 325 Kilometer auf salvadorianischem Gebiet, und mit fünf Millionen Einwohnern ist El Salvador das am dichtesten besiedelte Land der Region.

Herrliche Landschaften, einsame Pazifikstrände, Vulkane, Wälder, große saubere Seen, heiße Quellen, ein Dutzend Nationalparks und bedeutsame Maya-Ruinen – das ist El Salvador. Hinzu kommen ein sehr gut ausgebautes Straßennetz und ein Klima, das an 360 Tagen des Jahres sonnig und warm ist. Im Grunde ist El Salvador ein ideales Urlaubsland – doch die

Das Zentrum der Macht: Nationalpalast in der Landeshauptstadt San Salvador

Moderne Architektur in der wiederaufgebauten Kirche El Rosario

Mercado Municipal (unten)

San Calvario in San Salvador

Blick über die Vororte auf das Zentrum der Hauptstadt

Mariachi-Musik gehört zum Alltag El Salvadors

Die Republik El Salvador ist das kleinste, aber mit mehr als 50 Vulkanen auch das gebirgigste Land Mittelamerikas. Ganz in der Nähe eines Kraters liegt die Landeshauptstadt San Salvador. Immer wieder wurde die Metropole von heftigen Erdbeben erschüttert und neu errichtet. Über 1000 Menschen starben beim letzten Erdstoß am 10. Oktober 1986.

großen Touristenscharen blieben bis heute aus. Es ist nicht die Angst vor einem unverhofften Erdbeben oder einem überraschenden Vulkanausbruch, die ausländische Urlauber noch immer abhält, El Salvador zu besuchen, sondern seine extrem ungerechten politischen und sozialen Verhältnisse. Der Widerstand gegen diese Verhältnisse führte zwischen 1980 und 1992 zu einem der längsten und blutigsten Bürgerkriege in der jüngeren Geschichte Lateinamerikas, bei dem mindestens 75 000 Salvadorianer starben.

Das »neue Jahrhundert« begann schon 1994

Am 1. Juni 1994 begann in El Salvador mit dem Einzug der Demokratie ein »neues Jahrhundert«. Seit dem Ende der spanischen Kolonialherrschaft zu Beginn des 19. Jahrhunderts hatten sich Militärdiktaturen und Präsidialrepubliken, die sich auf manipulierte Wahlergebnisse stützten, abgewechselt. Im Frühjahr 1994 fanden unter Aufsicht internationaler Beobachter die ersten freien Wahlen statt. Nun sitzen die einstigen Todfeinde, Rechtskonservative und Guerilleros, friedlich im Parlament nebeneinander.

Der wichtigste Grund für den Krieg in El Salvador war die ungerechte Landverteilung, die sich im 19. Jahrhundert herausbildet hatte, als mit dem Anbau von Kaffee begonnen wurde und eine kleine Gruppe von Großgrundbesitzern die Kontrolle über Anbau und Vermarktung des bis heute wichtigsten Exportproduktes übernahm. Für den Kaffeeanbau wurden immer größere Anbauflächen in den höher gelegenen fruchtbaren Bergregionen und immer mehr saisonale Arbeitskräfte benötigt. 1881 wurde deshalb alles Gemeindeland zuerst per Gesetz enteignet, dann verstaatlicht und sofort an die Latifundienbesitzer verkauft. Die nun landlosen Kleinbauern wurden zu Tagelöhnern und Wanderarbeitern auf den großen Kaffeeplantagen.

Diese neue kleine Kaffee-Oberschicht – lange Zeit wurde von den »14 Familien« gesprochen – baute zugleich den Finanzsektor auf, beherrschte den Staatsapparat und die ganze Wirtschaft. Jeder Versuch, politische und soziale Reformen auf demokratischem Wege zugunsten der verarmten Bevölkerungsmehrheit einzuführen, wurde in den nächsten hundert Jahren unterdrückt. Bekanntestes Beispiel war die blutige Niederschlagung eines Volksaufstands im Jahr 1932, bei dem 30 000 Menschen starben. Seitdem bildeten Militär und die wenigen reichen Familien eine feste Koalition. Durch Repression und Wahlbetrug verhinderten sie dauerhaft jegliche Reformen.

In den sechziger und siebziger Jahren erstarkten schließlich jene politischen Kräfte, die keine Hoffnung auf eine friedliche Veränderung mehr hatten und im

Basilika der Jungfrau von Guadaloupe

bewaffneten Kampf den einzig erfolgversprechenden Weg sahen. Letzte Konsequenz dieser ausweglosen Konfrontation war jener blutige Bürgerkrieg.

Als der Krieg zwischen Regierung und Befreiungsbewegung am 16. Januar 1992 durch Vermittlung der Uno beendet wurde, waren eine Million Salvadorianer ins Ausland geflohen, weitere 500 000 waren Vertriebene innerhalb des Landes, die Wirtschaft lag am Boden, die Infrastruktur war völlig zerstört.

Warum nur konnte dieser Krieg in den achtziger Jahren weder militärisch noch politisch beendet werden? Im März 1993 veröffentlichten die Vereinten Nationen den Bericht ihrer »Wahrheitskommission« über die Menschenrechtsverletzungen und den Krieg in El Salvador. Er wirkte wie eine Bombe. Denn die Untersuchungen hatten ergeben, daß 85 Prozent aller Opfer auf das Konto der Armee,

Am 12. Dezember feiert El Salvador das Fest der Jungfrau von Guadaloupe

Ganz in der Nähe von San Salvador liegt die Basilika der Jungfrau von Guadaloupe mit ihrer kolonialzeitlichen Fassade. Koloniales Ambiente bietet auch Santa Ana, die zweitgrößte Stadt des Landes. Die eindrucksvollsten Gebäude stehen dort an der zentralen Plaza: die Kathedrale, das Teatro Nacional und das Rathaus.

Blumenverkauf für die zu ehrende Jungfrau von Guadaloupe

Nationaltheater von Santa Ana

Über dem Rathaus weht die Fahne El Salvadors

der Polizei und der paramilitärischen Einheiten der Regierung und deren Todesschwadronen gegangen waren. Die »New York Times« dokumentierte die enge Verstrickung der USA, die die Regierung im Kampf gegen die linksgerichtete, vom sozialistischen Ausland gestärkte Guerilla insgesamt mit fünf Milliarden Dollar unterstützt hatten.

Das Ende des kalten Krieges brachte den Frieden

Nachdem die Sowjetunion zusammengebrochen war, waren die USA nicht mehr bereit, Geld in die Bekämpfung der Guerilla El Salvadors zu investieren. Deshalb mußte die salvadorianische Regierung einer politischen Beendigung des Krieges zustimmen. Später – nach dem Ende des kalten Krieges – waren es wiederum die USA, die in der letzten Phase der Verhandlungen Ende 1991 die salvadorianische Regierung drängten, Zugeständnisse an die FMLN, die Partei der Guerilla, zu machen, und das Veto der Streitkräfte gegen die Friedenslösung aushebelten.

Heute ist der Krieg vorbei. »Die Welt muß das neue Gesicht El Salvadors wahrnehmen«, beschwört der neue Wirtschaftsminister Eduardo Zablah Touché insbesondere die europäischen Staaten. Kaffee ist zwar nach wie vor die tragende Säule der Wirtschaft und bringt mehr als die Hälfte der Außenhandelsdevisen ins Land, aber nach Kriegsende und den ersten Landreformen setzt die Regierung auch auf andere Wirtschaftszweige. So hat sie elf Zonas Francas, Freihandelszonen, eingerichtet, in denen in- und ausländische Firmen zoll- und steuerfrei produzieren können. Zahlreiche Textilunternehmen, besonders aus den USA, Japan und Südkorea, haben sich inzwischen angesiedelt.

Das Herz des Landes: San Salvador

Das wirtschaftliche, politische, kulturelle und touristische Zentrum des Landes ist die Hauptstadt San Salvador. Die meisten ausländischen Besucher halten sich dort auf und erkunden von dort aus die Sehenswürdigkeiten des Landes.

San Salvador ist eine wirkliche Großstadt. Mehr als eine Million Menschen – ein Fünftel der Gesamtbevölkerung – wohnt in der Stadt und ihren Vororten. Im

Westen erstrecken sich die Villen an den Hängen des Vulkans San Salvador, dessen 2000 Meter hoher Kegel eine traumhafte Kulisse abgibt.

San Salvador ist seit der Gründung im Jahr 1525 eine Stadt ohne Fortüne. Heftige Erdbeben erschütterten sie in allen Jahrhunderten. Das letzte im Jahr 1986 verwüstete große Teile des Zentrums, zuvor hatte 1965 ein Beben den alten Flughafen Ilopango und die Wohnviertel im Osten der Stadt zerstört. 1917 begruben zahlreiche Eruptionen des Vulkans San Salvador die Hauptstadt unter ihrer Asche, und ein langer Lavastrom zerstörte weite Teile der Randbezirke.

Das Zentrum San Salvadors ist die Plaza Central mit ihren eindrucksvollen Gebäuden. Zwar gibt es wegen der vielen Beben keine alten kolonialzeitlichen Bauwerke mehr, aber die klassizistische

Am schwarzen Sandstrand von La Libertad

Fassade des 1911 fertiggestellten Nationalpalastes und die des nicht minder eleganten Nationaltheaters von 1917 faszinieren kaum weniger. Hier steht auch die Kathedrale der Stadt, ein Betonkuppelbau der siebziger Jahre, mit dem Grab von Erzbischof Romero.

Reichtum zeigt sich in der Zona Rosa

San Salvador ist eine Stadt der Kontraste. Auch jetzt im Frieden. Über den Boulevard Los Héroes mit seinen teuren Geschäften und Boutiquen bummeln elegant gekleidete Damen, auf der Fahrbahn drängen sich viele neue Autos, und in den Restaurants und Lokalen in der Zona Rosa treffen sich die Wohlhabenden mittleren Alters. Aber die Armut großer Teile der Bevölkerung läßt sich in der Stadt nicht verstecken. Zwar liegt

Am Playa Las Tunas

El Salvador ist ein Agrarland, das international in erster Linie als Kaffee-Lieferant bekannt ist. Schon zur Zeit der Spanier waren Landwirtschaft, Viehhaltung und Fischerei die tragenden Säulen der Wirtschaft, und so ist es bis heute geblieben. Nahezu unverändert sind trotz der Demokratisierung auch die ungerechten Besitzverhältnisse: Etwa 250 Familien gehören große Teile des Landes und der Industrie. Die Bauern jedoch besitzen kaum eigenes Land und können oft nicht genug für das eigene Auskommen erwirtschaften. Viele Campesinos müssen deshalb in der Erntezeit auf den großen Kaffee-, Zuckerrohr- oder Agavenplantagen arbeiten.

Auf dem Fischmarkt der Hafenstadt La Libertad

üppige Vegetation manchmal wie ein grüner Teppich über den Wellblechbuden in den Elendsquartieren, aber es gibt zu viele von ihnen, vor allem in den Außenbezirken. Das hat auch bis heute der »Erlöser« nicht ändern können, jene riesige Christusstatue auf einer Weltkugel, die auf der Plaza Las Americas auf einer weißen Säule aus vier Kreuzen steht und seine rechte Hand über die Stadt erhebt.

Agavenplantage bei Playa Las Tunas

Schuhputzer in der Großstadt San Miguel

Neben dem Chaparrastique bei San Miguel gibt es noch 50 weitere Vulkane in El Salvador

Auch in El Salvador hinterließen die Maya ihre Spuren, wenngleich vieles bisher noch unerforscht ist. Die bekannteste Maya-Stätte des Landes ist Tazumal, rund 80 Kilometer nordwestlich der Hauptstadt, deren Ruinen erst vor 40 Jahren ausgegraben wurden. Eindrucksvoll bestätigt die 23 Meter hohe Hauptpyramide, auf der ein Altar steht, die Quiché-Übersetzung des Namens Tazumal: »Die Pyramide, auf der die Opfer verbrannt wurden«. Die Anlage ist zehn Quadratkilometer groß, und ihre Abbildung auf jeder 100-Colón-Banknote unterstreicht ihre nationale Bedeutung. Leider wurde über weite Strecken Beton für die Restaurierungsarbeiten verwendet.

Eine neue Maya-Ausgrabung scheint Tazumal mehr und mehr den Rang abzulaufen: 35 Kilometer von der Hauptstadt entfernt stieß 1976 im Tal von Zapotitán ein Bulldozer bei Aushubarbeiten auf die Ruinen eines alten Bauernhauses, auf dessen Boden mehrere menschliche

Körper und Tongeschirr lagen. Zum ersten Mal in der Geschichte der Maya-Archäologie hatte man ein unzerstörtes Dorf entdeckt. Wie im römischen Pompeji wurden 260 v. Chr. die Bewohner von Joya de Cerén vom Ausbruch des Ilopango überrascht, der das Dorf unter Lava und Asche begrub.

In Joya de Cerén wird der Maya-Alltag wieder lebendig

Die Entdeckung von Joya de Cerén, das inzwischen von der Unesco zum Kulturerbe der Menschheit ernannt wurde, ermöglicht erstmals Einblicke in die Lebensweise der einfachen Maya-Bevölkerung vor 2000 Jahren. Zudem wurde unter der Vulkanasche 1990 ein alter Kodex entdeckt, eine der wenigen Maya-Handschriften, die vor der Zerstörungswut der Spanier bewahrt wurden. Jetzt besitzt El Salvador stellvertretend für alle Länder der Mundo Maya wenigstens ein schriftliches Zeugnis seiner Ureinwohner. El Salvador hofft jetzt auf Touristen. Ob sie in Scharen kommen, wird davon abhängen, wie stabil der Friede sein wird. Eine Gefahr lauert in dem schleppenden Verlauf der Landreform. Denn bisher hat kaum mehr als ein Drittel aller Kleinbauern neues Land erhalten.

Keine Zukunft für die »Theologie der Befreiung«

Zudem scheint sich auch die Rolle der katholischen Kirche im Land zu wandeln. Lange zeigte sie sich als Fürsprecherin der Armen. Schon der Nachfolger des 1980 im Auftrag des Militärs und der Großgrundbesitzer ermordeten Erzbischofs Romero, Erzbischof Arturo Rivera y Damas, rückte von den politischen Forderungen Romeros ab, zeigte sich weniger kämpferisch. Als er Ende 1994 starb, ernannte Papst Johannes Paul II. überraschend den extrem konservativen Saenz Lacalle zum neuen Erzbischof von El Salvador. Lacalle ist Mitglied des Opus Dei, war Militärkaplan und pflegt seit langem engste Beziehungen zur reichen Machtelite des Landes und der ihr nahestehenden Arena-Partei. Unmittelbar nach seiner Ernennung verkündete er: »Die Theologie der Befreiung hat keinen Platz mehr in El Salvador.« Sie aber war es, die immer wieder soziale Gerechtigkeit forderte, ohne die Frieden und Demokratie in El Salvador keine Zukunft haben.

Durch das nur 21 000 Quadratkilometer große El Salvador fließt der Rio Grande

Ausgrabungsfunde . . .

. . . im Maya-Dorf Joya de Cerén

Hier scheint die Zeit stillzustehen

REISE-INFO EL SALVADOR

San Salvador

Karte: Seite 112/113, Planquadrat F 5.

San Salvador, die Hauptstadt des Landes El Salvador, liegt in 700 m Höhe am Fuß des Vulkans gleichen Namens (1960 m) und ist mit über einer Million Einwohner nach Guatemala-Stadt die zweitgrößte Metropole Zentralamerikas.

Anreise: San Salvador ist das Drehkreuz des salvadorianischen Verkehrssystems: Große US-Fluggesellschaften fliegen die Stadt mehrmals in der Woche direkt von Houston oder Miami aus an, manchmal mit Zwischenstopps in den Hauptstädten der benachbarten Staaten. Mit der spanischen Iberia erreicht man dreimal in der Woche San Salvador über Madrid. Der internationale Flughafen der Stadt (Comalapa) liegt 45 km entfernt in Küstennähe und ist entweder direkt über die neue Autobahn (50 km) oder entlang der Küstenstraße über die Hafenstadt La Libertad (69 km) zu erreichen. Auf dem Landweg wird San Salvador von Busgesellschaften aus Guatemala, Honduras und Nicaragua angesteuert; an den Landübergängen muß man sich als Busreisender wegen der intensiven Gepäckkontrollen und den oft mangelhaften Reisedokumenten der einheimischen Mitreisenden auf zeitraubende Grenzformalitäten einstellen. Am Flughafen ist die Abfertigung für Reisende aus Europa zuvorkommend und unkompliziert.

Unterkunft: Die Hauptstadt bietet eine ausreichende Zahl von Hotels aller Preiskategorien. An der Spitze stehen u. a. die Luxushotels »Camino Real«, ein achtstöckiges modernes Gebäude gegenüber dem großen Einkaufszentrum Metrocentro (Boulevard de Los Héroes, Ecke Ave. Los Sismiles; Tel. 2 79 38 88, Fax 2 23 56 60; 230 Zi., DZ ab 130 US-$), das nicht minder schöne »El Salvador« (Sheraton), ein sechsstöckiger Bau am Abhang des Vulkans San Salvador (11 Calle Poniente, Ecke 89 Ave. Norte; Tel. 2 79 07 77, Fax 2 23 29 01; 260 Zi., DZ ab 130 US-$) und das etwas betagtere »Hotel Presidente« (Ave. La Revolución, Tel. 2 98 20 44, Fax 2 23 20 44; 244 Zi., DZ ab 110 US-$). Zu den guten Mittelklassehotels gehören das »Alameda«, ein vierstöckiger Zweckbau an einer verkehrsreichen Kreuzung (43 Ave. Sur 2305, Ecke Alameda Roosevelt; Tel. 2 79 02 99, Fax 2 79 30 11; 105 Zi., DZ ab 60 US-$) und das »Siesta« unweit des Zentrums (Ave. Los Proceres; Tel. 2 79 03 77, Fax 2246575; 78 Zi., DZ ab 70 US-$). Nicht so teuer, aber gut wohnt man in der »Casa de Huespedes Clementina« (Ave. Morazán 34, Tel. 2 25 59 62), in der »Casa de Huespedes Los Sembradores« (Ave. Lisboa 30, Tel. 2 74 29 09) und in der »Casa Austria« im Stadtteil Escalón (1a Calle Poniente 3843; Tel. 2 24 07 91, Fax 2 23 73 46; alle zwischen 10 und 20 US-$).

Sehenswürdigkeiten: Im Zentrum an der Plaza Central (Kreuzung Calle Delgado /Ave. Cuscatlán) stehen der Nationalpalast (1904–1911, 1995 restauriert), dessen Eingang zwei große Statuen von Kolumbus und Königin Isabella von Kastilien einrahmen. Gegenüber befindet sich die Kathedrale (Catedral Metropolitana), in der Erzbischof Romero am 24. März 1980 während einer Messe erschossen wurde; sein Grab liegt im hinteren Seitenflügel der »Kapelle der göttlichen Vorsehung«. Einen Besuch sollte man auch dem Nationaltheater (Teatro Nacional) abstatten, dessen Marmor, Plüsch und Kristall-Leuchter faszinieren. Im schönen Theatercafé kann man sich von einem Stadtspaziergang erholen.

Etwas vom Zentrum entfernt an der Plaza Las Américas (auch Plaza Barrios) steht das Monumento del Salvador del Mundo (1990). Weniger sakral, aber nicht minder eindrucksvoll ist das Monumento de la Revolución (Ave. de la Fuerza Armada in der Nähe des Nationalmuseums und des »Hotel Presidente« (Ave. La Revolución).

Museum: Das Nationalmuseum (Museo Nacional David J. Guzmán; Blvd. de la Fuerza Armada, Di–So 9–12, 14–17 Uhr) zeigt Fundstücke aus den Maya-Ausgrabungen und koloniale Exponate.

Maya-Replik im Parque Balboa bei San Salvador

Essen und Trinken: Meeresfrüchte servieren das »Mediterranée« (Bd. El Hipódromo 131, Tel. 2 23 61 37) und das »Siete Mares« (Paseo General Escalón/Cond. Bálam Quitzé., Tel. 2 24 30 31); typisch salvadorianische Küche bietet das »Don Pavo« (Paseo General Escalón / Cond. Bálam Quitzé., Tel. 2 24 39 23).

Ausgehen: Im großen, 1978 restaurierten, neoklassizistischen Nationaltheater von 1917 (Teatro Nacional) an der Plaza Morazán (4a Ave. Sur, Ecke Calle Delgado, Tel. 2 22 87 60) werden klassisches Ballett, spanische Operetten und salvadorianische Volkstänze aufgeführt (aktuelles Programm in der Tageszeitung). Von Juli bis Dezember spielt das Nationale Symphonieorchester.

Wer abends an Livemusik interessiert ist, sollte die Zona Rosa entlang des Boulevard San Benito im gleichnamigen Stadtteil aufsuchen. Hier hört man im »El Corral« und im »Las Antorchas« (beide Calle Santa Victoria) Salsa-, Merengue- und Calypso- und im »El Malibu« (Valle San Antonio Abad.) Rockmusik.

Veranstaltungen: Die große »Fiesta El Salvador del Mundo« findet jedes Jahr vom 1.–6. August statt. Tänze, Bälle und Paraden bestimmen dann das Stadtleben. Höhepunkt ist eine Prozession am 5. August, bei der eine schwere Christus-Statue durch die Innenstadt zur Kathedrale getragen wird. Die Fiesta endet mit einem Feuerwerk am 6. August.

Ausflüge: Nur eine halbe Stunde mit dem Auto benötigt man, um das 35 km südlich von San Salvador am Pazifik gelegene La Libertad zu erreichen, das beliebte Wochenendausflugsziel der Hauptstadtbewohner. Die alte Hafen- und Fischereistadt hat sich ganz auf Badeurlauber eingestellt. Westlich der Stadt liegen die meisten Strände. Besonders hohe Wellen türmen sich am Conchalio-Strand (Übernachtungsmöglichkeit direkt am Strand im »Hotel Conchalio«, Tel. 3 35 31 94), Surfer zieht es nach El Zunzal. Wer in Stadtnähe baden möchte, sucht die Strände »La Paz« oder »Obispo« beiderseits der Mole auf mit dem netten Strandrestaurant »Punta Roca«, direkt am Playa La Paz. Östlich von La Libertad liegt der elegante Strand von San Diego mit dem privaten »Fisherman's Club«. Noch weiter östlich an der Costa del Sol liegt 30 km von La Libertad entfernt »Tesoro Beach«, eine teure Clubanlage mit allem Komfort (Tel. 34 06 00, Fax 98 29 36, 120 Zi., DZ ab 135 US-$).

San Miguel: Hauptaltar in der Kathedrale

Joya de Cerén: Die 1978 entdeckte Maya-Siedlung liegt 36 km westlich von San Salvador Richtung Sonsonate. An der archäologisch interessanten, aber wenig spektakulären Ausgrabungsstelle gibt es nur ein kleines Restaurant, keine Übernachtungsmöglichkeit (tgl. 9–17 Uhr).
Information: Staatliches Fremdenverkehrsamt (Calle Ruben Dario 619, Tel. 2 22 80 00, Fax 2 22 12 08).

Coatepeque-See

Der See ist der höchstgelegene des Landes (744 m). Er liegt 60 km nordwestlich von San Salvador bzw. 20 km südlich von Santa Ana etwas abseits der Panamericana. Das Wasser des Kratersees (6 km Durchmesser, 120 m tief) ist beständig 26 °C warm und am Wochenende beliebtes Ausflugsziel für Segler und andere Wassersportler. Leider befindet sich der größte Teil des Seeufers in Privatbesitz. An einigen Stellen reicht der Dschungel unmittelbar bis an das Wasser. Vom See mit seinen beiden kleinen Inseln Los Anteojos und El Cerro sieht man sehr gut die Vulkane Cerro Verde, Santa Ana und Izalco. Im März sollte man nicht baden, weil die blühenden Algen schmerzhafte Hautreizungen verursachen können.
Unterkunft: Am See liegen die Hotels »Del Lago« (Tel. 4 46 95 11, Fax 2 24 58 75; 16 Zi., DZ ab 40 US-$), »Torremolinos« (Tel. 4 46 94 37, Fax 4 41 18 59, 14 Zi., DZ ab 25 US-$) und die »Casa de Huespedes Amacuilco« (8 Zi., DZ ab 10 US-$).

Cerro Verde

Wenige Kilometer südwestlich des Coatepeque-Sees erhebt sich der Vulkan Cerro Verde (2030 m), ca. 70 km von San Salvador entfernt. Er ist das Zentrum des gleichnamigen 500 ha großen Nationalparks. Man erreicht den »Grünen Hügel« von Sonsonate aus oder von der Straße, die von der Panamericana zum Lago de Coatepeque (14 km) führt. Bereits während der Fahrt eröffnet sich immer wieder ein schöner Ausblick auf den See.

Haupt-Pyramide der Maya-Stadt Tazumal

Unterkunft: Auf dem Gipfel des erloschenen Vulkans steht das »Hotel Montaña« (Tel. 2712434, Fax 2221208, 20 Zi., DZ 50 US-$ mit Blick in den Wald, 60 US-$ mit Blick auf den Krater; Restaurant mit einheimischer Küche), von dem man zudem einen herrlichen Blick in den Krater des nur 2 km östlich etwas tiefer gelegenen Vulkans Izalco (1910 m) hat, der 1966 das letzte Mal aktiv war. Bei gutem Wetter sieht man bis zum Pazifik.

Santa Ana

Die zweitgrößte Stadt des Landes (ca. 300 000 Einw.) liegt in knapp 700 m Höhe an der Panamericana (CA-1), 64 km nordwestlich von San Salvador entfernt. In der fruchtbaren Region werden Kaffee und Zuckerrohr angebaut; Santa Ana ist das bedeutendste Handelszentrum für Kaffee. Hier findet man eine Reihe kolonialzeitlicher Gebäude, von denen einige an der Plaza Central stehen, einem kleinen Park mit einem Brunnen. Auffallend in diesem Ensemble ist die »gotische« Kathedrale (Catedral Santa Ana) mit reichverzierter Fassade, die 1936 fertiggestellt wurde und deren karger Innenraum sich zwischen dem 18. und 26. Juli aus Anlaß des Namenstages der heiligen Anna in einen bunten Saal verwandelt. Sehenswert ist auch das Teatro Nacional, ein Bau im Neo-Renaissance-Stil (1910).
Unterkunft: Modern und sauber, aber an einer verkehrsreichen Straße gelegen ist das »International Inn« (25 a Calle Poniente / 10 a Ave. Sur, Tel. 40 08 04; DZ ab 18 US-$). Angenehm ist das »Hotel la Libertad« (4 a Calle Oriente No. 2 / 1 a Ave. Norte, Tel. 41 23 58; DZ ab 11 US-$).
Ausflug: Tazumal, die bekannteste archäologische Stätte El Salvadors, liegt bei Chalchuapa, 13 km westlich von Santa Ana, und ist von dort mit dem Bus 218 in 20 Minuten zu erreichen. Nur der südliche Bereich der 10 qkm großen Stätte wurde zwischen 1942 und 1954 ausgegraben; hier liegt auch die Hauptpyramide mit einer Grundfläche von 116 m mal 95 m, von deren Spitze in 23 m Höhe man die Anlage am besten überblickt. An der Nordseite der Hauptpyramide gruppieren sich mehrere Gebäude um einen Patio. An der Stelle, an der einst der Ballspielplatz lag, befindet sich der Friedhof der Stadt Chalchuapa, den man von der Pyramide gut einsehen kann (Museum und Anlage: tgl. 9–17 Uhr).

San Diego: Am Pazifischen Ozean gibt es noch keinen Massentourismus

Über 400 Jahre alt ist die Kirche von Panchimalco

In Tazumal wurde Beton bei der Rekonstruktion der Pyramiden verwendet

Rathausturm in San Miguel

320 Kilometer Pazifikküste, bedeutende Maya-Stätten wie Tazumal und Joya de Cerén, ein gut ausgebautes Verkehrsnetz, herrliche Landschaften mit rund 50 Vulkanen und ein reiches koloniales Erbe: El Salvador ist ein ideales Urlaubsland. Aber bisher mieden die meisten Touristen den kleinsten Staat Mittelamerikas. Inzwischen ist in El Salvador Frieden eingekehrt. Seit dem Frühjahr 1994 hat das Land auch endlich wieder ein freigewähltes Parlament.

Mariachi: Musikkapellen spielen Volksweisen und singen dazu

HONDURAS: BINNENLAND

Die verlassene Metropole

Im Herzen des Subkontinents liegt die vor mehr als tausend Jahren verlassene Maya-Stadt Copán (Foto: Hauptplatz; kl. Foto: der »Alte Mann«). Sie war einst das Zentrum des südöstlichen Siedlungsgebietes der Maya.
Eine Tagesreise entfernt ist Tegucigalpa, das von Minenarbeitern gegründet und 1880 Nachfolgerin der alten Honduras-Kapitale Comayagua wurde.

Verwitterte Maya-Bildhauerei: Stele B

Copán: Stele H von 731 auf dem Hauptplatz

Als Kolumbus 1502 an der Küste von Honduras landete, war Copán bereits seit Jahrhunderten vom Dschungel überwuchert. In der einstigen, etwa 30 Hektar großen Metropole hinterließen die Maya nicht nur zahlreiche Pyramiden, Tempel, Treppen und Ballspielplätze, sondern auch eine bedeutende Ansammlung von Stelen. Typisch für die Copán-Stelen ist die Entwicklung vom Relief zur dreidimensionalen Skulptur, verbunden mit üppiger Dekoration. Oft nimmt der prunkvolle Kopfschmuck der abgebildeten Herrschergestalt das obere Drittel einer Stele ein. Nur im benachbarten guatemaltekischen Quirigua lassen sich ähnlich schöne Exemplare finden.

Am Fuß der über 40 Meter hohen Pyramide 16 (unten)

Stufen der Hieroglyphentreppe

Stele D wurde im Jahr 736 errichtet

Chak – der Regengott der Maya

Unter den rund 50 Stadtstaaten der Maya gehören das guatemaltekische Tikal und das honduranische Copán zu den bekanntesten. In der Literatur wird Tikal oft mit New York und Copán mit Paris verglichen, wenn es darum geht, die Bedeutung dieser Orte in die Gegenwart zu übertragen. Aber beide Maya-Zentren sind wesentlich schwerer zu erreichen als die beiden Metropolen. Das trifft insbesondere für Copán zu.

Auf dem Landweg gelangt man in die heute im äußersten Westen von Honduras in der Nähe der guatemaltekischen Grenze gelegenen Ruinenstadt Copán nur nach stundenlanger Fahrt über schlechte, von Schlaglöchern übersäte schmale Straßen, die bei starken Regenfällen zudem oft tagelang nicht passierbar sind. Da sehr viele ausländische Besucher Copáns aus Guatemala anreisen, hatte Richard Callaway, der Sohn eines Einwanderers aus Texas, der ein kleines Charterflugunternehmen besitzt, vor einigen Jahren eine mutige Idee. Er verhandelte mit den guatemaltekischen Militärbehörden um Landerechte auf einer verlassenen grünen Wiese direkt vor der honduranischen Grenze. Drei Jahre dauerten die Gespräche, und als Callaway zustimmte, auf eigene Kosten auch noch eine Straße bis zur Grenze anzulegen, hatte er den Vertrag in der Tasche.

Copán – die verlassene Maya-Metropole

Nur 40 Minuten dauert der Flug in den kleinen Maschinen, und die Sicht ist phantastisch. Von Guatemala-Stadt fliegt man entlang dem mäandrierenden Motagua-Fluß über die Städte Zacapa und Chiquimula, dann über die Berge an der honduranischen Grenze und den Jupilingo Canyon, bis die Maschine auf dem Rasen des benachbarten Bauernhofs San José las Lagrimas landet. Statt einer Empfangshalle hat Callaway eine Terrasse unter einem Strohdach errichtet. Hängematten zwischen den Trägern ersetzen die Clubsessel einer V.I.P.-Lounge. Mit einem vierradgetriebenen Kleinbus werden die Passagiere von hier zum nur neun Kilometer entfernten Copán gebracht. Die Grenzabfertigung ist denkbar einfach: Tito Cuevas, ein honduranischer Mitarbeiter von Callaway, dessen Familie die Tabakfelder gehören, durch die Callaway die Anschlußstraße baute, öffnet ein Gattertor am Rand der Wiese, und schon ist man in Honduras. So etwas ist natürlich nur möglich, weil beide Regierungen im Rahmen des Mundo-Maya-Projekts Tourismusbarrieren in der Region abbauen wollen.

Copán Ruinas heißt der Ort, der vor mehr als 100 Jahren wegen der benachbarten Maya-Ruinen gegründet wurde, um Forscher und Besucher mit dem Nötigsten zu versorgen. Heute ist die Gemeinde auf 10 000 Einwohner angewachsen und legt großen Wert darauf, daß sie nicht mit dem 30 Kilometer entfernten Santa Rosa de Copán verwechselt wird. Rechtwinklige Pflastergassen, eine Plaza mit einer Kirche und weiße Häuser mit roten Ziegeldächern bestimmen das Bild des Ortes, der zu den schönsten des Landes gehört.

Altar des Totengottes vor Stele D

Copán Ruinas liegt inmitten eines fruchtbaren Tals, in dem Mais, Kaffee und Bohnen angebaut werden. Aber den Wohlstand verdankt die Gemeinde dem Tabak. Schon die Fahrt vom 18 Kilometer entfernten offiziellen Grenzübergang in El Florido führt durch endlose Tabakpflanzungen, die nur von den dazwischen stehenden hölzernen Trockenhäusern überragt werden. Der Virginia-Tabak, der hier reift, gehört zu den besten Sorten des Landes.

Im Städtchen Copán Ruinas beginnt jeder Besuch der vor mehr als tausend Jahren versunkenen Maya-Stadt Copán. Um 400 an den Ufern eines Flusses gegründet, stieg Copán um 600 zum geistlichen und weltlichen Zentrum des südöstlichen Siedlungsgebietes der Maya auf. Yax Pac, der letzte Herrscher Copáns, starb im Jahr 800. Er war der 16. der Copán-Dynastie, deren Namen und Regierungszeiten auf Stelen und Altar-

steinen festgehalten sind. Danach begann der Niedergang des Maya-Reiches (siehe auch S. 30) bis schließlich der Dschungel die Königsstadt zurückeroberte.
Als erster Europäer gelangte Erzbischof Diego García de Palacio nach Copán. Er informierte in einem Brief 1576 die spanische Krone, aber in Madrid nahm niemand Notiz von seinen Berichten. So gilt der Diplomat und Forscher John L. Stephens als eigentlicher Entdecker Copáns. Sein Buch »Incidents of Travel in Central America, Chiapas and Yucatan« aus dem Jahr 1842 enthält detaillierte Beschreibungen, und dank der schönen Illustrationen des Mitreisenden Frederick Catherwood löste es in Europa großes Interesse aus. Stephens erstand Copán kurzerhand für nur 40 US-Dollar, konnte aber glücklicherweise sein Vorhaben, die wichtigsten Funde außer Landes zu bringen, nicht verwirklichen.

Bedeutende Maya-Forscher: Maudslay und Morley

Fast alle Ausgrabungen und Entdeckungen in Copán sind mit den Namen der großen Maya-Forscher verbunden: 1885 erstellte Alfred E. Maudslay den ersten topographischen Plan der Bauwerke. 1935 begann Sylvanus G. Morley mit Grabungen und Aufbauarbeiten und entdeckte als erster in Copán die Grundlage zur Deutung der Maya-Schrift. Bis heute wurden mehr als 800 Zeichen entdeckt. Viele Texte konnten zumindest teilweise entschlüsselt werden – dank der Erkenntnis, daß die Glyphen kein Alphabet darstellen, sondern aus Wort- und Silbenzeichen bestehen.
Unter Morleys Anleitung wurde auch der Copán-Fluß umgeleitet, der durch seine starke Strömung mehrere Tempel weggerissen hatte. Andererseits hatte der Fluß den Archäologen wichtige Vorarbeit geleistet: Im Lauf der Jahrhunderte hatte der Rio Copán das von den Maya aufgeschüttete Plateau, auf dem sich die Stadt ausbreitete, unterspült und ein fast 30 Meter hohes und 300 Meter langes Steilufer freigelegt, an dem die Wissenschaftler ohne großen Aufwand Schicht für Schicht tief in die Vergangenheit der Stadt vordringen konnten. So fanden sie heraus, daß im Lauf der 18 Regierungsepochen die Maya ihre Gebäude bis auf 20 Ebenen übereinander gebaut hatten. Unter allen Maya-Stätten gilt Copán we-

Der alte Präsidentenpalast in Tegucigalpa

Rekonstruierter Maya-Tempel im Concordia-Park

Befreite Sklaven errichteten ab 1732 die Kirche Virgen de los Dolores

Mit nur 800 000 Einwohnern ist Tegucigalpa, die von den Einheimischen kurz Tegus genannt wird, die kleinste Hauptstadt Mittelamerikas. Sie wurde im 16. Jahrhundert als Minenstädtchen gegründet und stieg erst 1880 zur Kapitale auf. Damals entstanden zahlreiche »moderne« Gebäude, aber dennoch konnte sich die Metropole einiges von ihrem kolonialen Charme erhalten.

Tegucigalpa: Losverkäufer im Parque Central

Vergoldeter Zedernholzaltar in der Barockkirche San Miguel in Tegucigalpa

gen seiner Stelen und Altäre als einzigartig. Hier und im benachbarten guatemaltekischen Quirigua entwickelten die Maya die Kunst der Bildhauerei zur höchsten Vollendung. Unter den vielen, die heute auf den großen Rasenflächen der Gran Plaza Tausende von Besuchern in Staunen versetzen, beeindruckt besonders die Stele H von 731. Sie ist von beiden Seiten skulptiert und zeigt den Herrscher »Achtzehntes Kaninchen«, der

Innenhof des Klosters La Merced

zwischen 695 und 738 als 13. der Dynastie regierte, in vollem Ornat; in ihrem dekorativen Reichtum erinnert die Stele an eine frühindische Statue. Unter den Fundamenten der Stele entdeckten die Forscher kleine Kammern mit wertvollen Schmuck- und Opfergaben, deren Bedeutung noch ungeklärt ist.

Einmalig in der Architekturwelt der Maya ist die unweit des großen Ballspielplatzes errichtete »Hieroglyphentreppe«. Auf einer Breite von 10 Metern überwinden 63 Stufen eine Höhe von über 20 Metern von der zentralen Plaza hinauf zum Tempelplateau. Jede der 63 Treppenstufen besteht aus behauenen Einzelreliefs, so daß die Treppenfront von mehr als 1500 Zeichen und Abbildungen geschmückt ist. Auf jeder 12. Stufe stehen in der Mitte der Treppe männliche Götterfiguren, die an den Rändern der Treppen hochlaufende Balustrade ist kunstvoll mit Schlangen und Vögeln ausgestaltet.

200 Jahre ihrer Geschichte haben die Maya an dieser Treppe in Stein gehauen. Und mit immer neuen Entdeckungen können die Forscher in Copán aufwarten. Unter freigelegten und restaurierten Tempelanlagen gruben sie seit 1990 mehrere Tunnel und spürten so an der Nordseite des Rosalila-Tempels tief unter der Erde eine sehr gut erhaltene Stuckfassade auf, wie sie in dieser Perfektion und Größe bisher nirgends freigelegt wurde.

Copán birgt noch immer Geheimnisse

Von Copán, der bedeutendsten Sehenswürdigkeit des Landes, benötigt der Bus fast einen Tag bis zur honduranischen Hauptstadt Tegucigalpa; mit dem Pkw schafft man die Strecke in einem halben Tag. Fährt man den Umweg über San Pedro Sula ist die Straße besser; entschließt man sich für die Hochlandpiste durch die Sierra de Celaque, wird man mit einem grandiosen Landschaftspanorama belohnt.

Tegus, wie sie von ihren Bewohnern meist kurz genannt wird, ist die kleinste Hauptstadt Zentralamerikas, liegt als einzige nicht an der Panamericana und hat keine Anbindung an ein Eisenbahnnetz. Der Name bedeutet übersetzt »Silberhügel«. Das Stadtzentrum besitzt auch heute noch Merkmale eines kolonialen Minenstädtchens mit liebenswert provinziellem Charme. Tegucigalpa wurde nie offiziell geplant oder gegründet, es entstand sozusagen organisch aus den Hütten von Minenarbeitern entlang des Flusses Choluteca. Denn 1537 hatte man in den Sandbänken bei der heutigen Brücke Puente Sobernía Gold entdeckt. In der Nähe des heutigen Präsidentenpalastes entstand eine kleine Siedlung der Goldsucher. Erst später wurde auf den weiter östlich liegenden Hügeln Silber gefunden.

Aufstieg vom Minenstädtchen zur Hauptstadt: Tegucigalpa

Als »Real de Minas de San Miguel« stieg der Ort 1540 zum Verwaltungszentrum der örtlichen Bergbauindustrie auf. 1578 machte die königliche Audiencia in Guatemala Tegucigalpa zur »Alcaldía Mayor«, von nun an gab es einen spanischen Bürgermeister mit Richterfunktion. Hauptstadt war damals das 80 Kilometer weiter

Jugendtreff in der alten Silberminenstadt Valle de Angeles

Valle de Angeles: Kirche aus dem 16. Jahrhundert

nordwestlich liegende Comayagua. Erst auf der Nationalversammlung im Jahr 1880 wurde Tegucigalpa Landeshauptstadt. Damals wurden viele historische Gebäude abgerissen und durch »moderne« ersetzt. Sonst wäre das koloniale Stadtbild noch vollständig erhalten, da Tegus nie von einer Naturkatastrophe heimgesucht wurde. Von den Hügeln des Stadtteils La Hoya mit seinen verwinkelten, kopfsteingepflasterten Gassen eröffnet sich der schönste Blick auf die Stadt.

Hauptschiff der ab 1954 bei Tegucigalpa errichteten Basilika Suyapa

Die Basilika Suyapa ist der bedeutendste Wallfahrtsort in Honduras

Lago de Yojoa

Im Nationalpark La Tigra (unten)

Silber- und Goldminen lockten einst die Menschen in die Täler östlich von Tegucigalpa. Heute suchen sie Erholung an den Seen und in den Naturparks der kieferbewaldeten Bergwelt oder Andacht in den vielen Kirchen.

Wie Simon Bolivar in Bolivien, so wird Morazán in Honduras verehrt. Der honduranische General setzte sich nämlich, beflügelt von der Idee eines »Grande Patria Centramericana«, nach dem Rückzug der Spanier aus Mittelamerika in der ersten Hälfte des 19. Jahrhunderts militärisch und politisch für den anfangs existierenden Staatenbund der fünf ehemals spanischen Kolonialstaaten Guatemala, El Salvador, Honduras, Nicaragua und Costa Rica ein.

Als liberaler Präsident dieser Konföderation mit dem vielversprechenden Namen »Provincias Unidas del Centro de América« ließ er seit 1830 kirchlichen Grundbesitz verstaatlichen und Klöster schließen, förderte das Erziehungswesen und öffnete die Region für Einwanderer. Doch nationalistische Rivalitäten läuteten seit 1838 das Ende der Konföderation ein. Morazáns Tod im Jahr 1842 bedeutete ihr endgültiges Aus.

Direkt am Parque Central gegenüber dem Denkmal steht die 1765 erbaute Kathedrale San Miguel mit ihrer eindrucksvollen Barockfassade und einem prächtigen goldenen Barockaltar. Neben der Kathedrale erhebt sich seit 1930 der »Blaue Palast«, das blau angestrichene Verwaltungsgebäude des Hauptstadtdistrikts. Im Süden schließt sich daran das neue Parlamentsgebäude mit den auffallenden Säulenreihen an. Weil auf dem Gebiet der Hauptstadt die Maya selbst keine architektonischen Spuren hinterließen, wollten die Gründer der neuen Metropole dies im Jahr 1880 nachholen und legten den Parque La Concordia an. Hier stehen phantasievolle Miniaturausgaben bekannter Maya-Tempel und maßstabsgerechte Repliken von Stelen – eine Art Lilliput-Maya-Land aus Beton. Der Park mit seinen schattigen Bäumen ist ein beliebter Aufenthaltsort, um an warmen Mittagen dem Trubel der verkehrsreichen Innenstadt zu entfliehen.

Ausflug in das alte Minendorf Santa Lucia

In unmittelbarer Umgebung von Tegucigalpa stößt man immer wieder auf die Vergangenheit der Region als Bergwerks- und Silberminenrevier. An der Landstraße nach Valle de Angeles im Westen von Tegucigalpa liegt nur 15 Kilometer entfernt in der mit Kiefern bewachsenen Bergwelt das ehemalige Minendorf Santa Lucia. In dessen kleiner kolonialzeitlicher Dorfkirche aus dem 17. Jahrhundert befindet sich der vom spanischen König Philipp II. 1592 gestiftete »Schwarze Christus«.

Hinter Santa Lucia beginnt das Tal Valle de Angeles, ein fruchtbares Hochtal voller Pinienwälder in 1300 Meter Höhe. Das angenehm kühle Klima dieser Region macht das Dorf gleichen Namens heute zum beliebten Ausflugsziel. In den vergangenen Jahren hat sich Valle de Angeles zu einem Herstellungszentrum für Kunsthandwerk entwickelt, und seine Souvenirgeschäfte und Ausstellungshallen bieten die ganze Palette honduranischen Kunsthandwerks zu moderaten Preisen.

In Honduras gibt es eine Arbeitsteilung zwischen den beiden größten Städten des Landes. Die Hauptstadt Tegucigalpa ist heute das Zentrum von Politik und Bildung, während Handel und Industrie sich in San Pedro Sula konzentrieren. Auf dem

Comayagua: Palmsonntagsprozession . . .

. . . und Vorbereitungen für das Fest (unten)

Hauptaltar in der Iglesia de San Francisco von 1584 in der einstigen Hauptstadt Comayagua (unten)

Heiligenfiguren schmücken die barocke Fassade der Kathedrale von Comayagua

Die Kirche La Merced entstand schon 1547

Mahlstein zum Herstellen von Maismehl im Archäologischen Museum

Per Beschluß der Nationalversammlung verlor Comayagua 1880 seinen Titel als Landeshauptstadt an Tegucigalpa. Aber das spanische Ambiente blieb in der Stadt zurück, von der aus die Provinz Honduras nach der Unterwerfung der Maya drei Jahrhunderte von den Eroberern aus Europa bis 1821 regiert wurde.

Weg in die Wirtschaftsmetropole San Pedro Sula passiert man in einem langen, breiten, fruchtbaren Tal die schöne alte Kolonialstadt Comayagua.

333 Jahre lang – bis 1880 – war Comayagua Landeshauptstadt, und es hat seinen Kolonialstadtcharakter bis heute bewahren können. Um die Plaza Mayor gruppieren sich die Kathedrale, die Residenz des Gouverneurs und die Casa Real, das Rathaus des Bürgermeisters.

Frühere Landeshauptstadt: Comayagua

Die Gründungsgeschichte der Stadt ist typisch für die Vorgehensweise der spanischen Conquistadoren: Als Alonso de Cáceres die Siedlung Villa de Santa María de Comayagua 1537 im fruchtbaren Tal des Rio Humuya gründete, hießen ihn die dort lebenden Lencas unter ihrem Führer Lempira keineswegs willkommen, sondern erhoben sich gegen die Spanier. Bei diesem Aufstand, der sich bis zur Atlantikküste ausbreitete und die Spanier in große Schwierigkeiten brachte, steckten die Lenca die neue Siedlung in Brand. Mit Unterstützung neuer Truppen aus Mexiko wurde der Aufstand blutig niedergeschlagen und Lempira getötet.

Danach gründeten die Sieger die Siedlung an benachbarter Stelle neu und nannten sie 1547 in Villa de la Nueva Valladolid de Comayagua um. Gleichzeitig wurde sie Hauptstadt der Provinz Honduras, die zum Generalkapitanat Guatemala gehörte. 1557 bekam Comayagua offiziell den Titel einer Stadt, und nur ein Jahr später wurde die Kirche La Merced eingeweiht. Um die zentrale Bedeutung der Landeshauptstadt zu unterstreichen, wurde 1632 in Comayagua eine der damals bedeutendsten Universitäten Mittelamerikas eingerichtet.

Den Bau der stattlichen Kathedrale leitete 1580 Erzbischof Gaspar Andrada ein. Dieses Beispiel iberoamerikanischer Barockarchitektur war 300 Jahre lang die bedeutendste Kirche der Provinz Honduras. Beide Kulturen trugen zu ihrem Gelingen bei und verewigten ihre Anteile: Die Uhr auf dem linken Glockenturm kommt aus der Alhambra im spanischen Granada und ist ein Geschenk König Philipps II. aus dem Jahr 1582. Die 18 Rosetten über dem Hauptportal symbolisieren die 18 Indio-Dörfer, deren Bewohner die Kathedrale unter großen Anstrengungen errichteten.

REISE-INFO
HONDURAS: BINNENLAND

Tegucigalpa

Karte: S. 112/113, Planquadrat F 6.
Tegucigalpa bildet zusammen mit der Schwesterstadt Comayagüela (abgekürzt: Com.) den Distrito Central (1 Mio. Einw.). Drei wichtige Brücken (Puente Carias, Puente Sobernía, Puente Mallol) verbinden die beiden Städte, die trotz eigener Verwaltungen unter dem Namen Tegucigalpa firmieren.
Anreise: Die Hauptstadt wird täglich von Miami (Fluggesellschaften: »American Airlines«, »Taca«) bzw. aus den Hauptstädten der Nachbarländer (Mittelamerikanische Fluggesellschaften: »Lacsa«, »Copá« oder »Tan-Sahsa«) angeflogen. Zwischen San Pedro Sula, das ebenfalls aus Miami angeflogen wird, und Tegucigalpa fliegt sechsmal am Tag eine Maschine der »Tan-Sahsa«. Schnellbusse der Gesellschaft »Tica« verkehren zwischen den mittelamerikanischen Hauptstädten über die Panamericana. Da Tegucigalpa nicht an dieser Überlandstraße liegt, muß man in Nacozome umsteigen.
Übernachtung: Im Vergleich zu anderen Hauptstädten Zentralamerikas wohnt man in Tegucigalpa preiswert. Das beste Hotel der Stadt ist das neue »Honduras Maya«, ein zehnstöckiger Komfortpalast (Ave. Republica de Chile, Col. Palmira, Tel. 32 31 91-5, Fax 32 76 29; 186 Zi., DZ 110 US-$). Vertrauten Standard mit vielen Annehmlichkeiten bieten die zentral gelegenen Hotels »El Prado« (Ave. Cervantes, Tel. 37 01 21-7, Fax 37 14 54; 68 Zi., DZ 55 US-$) und »La Ronda« (Ave. Jerez, Tel. 37 81 51-5, Fax 37 14 54; 74 Zi., DZ 50 US-$). Billiger wohnt man im »Hotel Excelsior« (Ave. Cervantes, Nähe Hotel Honduras Maya, Tel. 37 25 38, 10 US-$) oder im »Hotel Ritz« (5a Ave./4 a Calle (Com.), Tel. 22 27 69, 8 US-$).
Sehenswürdigkeiten: Die Stadt besitzt v. a. im Stadtzentrum einige lohnende Besuchsziele. Die Kathedrale San Miguel, direkt am Zentralpark gelegen, wurde 1765 erbaut, um die hier 100 Jahre zuvor errichtete Pfarrkirche zu ersetzen. Die barocke Fassade zeigt die sieben Erzengel mit dem heiligen Michael in ihrer Mitte. Eine Straße weiter in südlicher Richtung liegt die Kirche La Merced aus dem 17. Jahrhundert mit einem schönen Barockaltar. Gleich daneben steht das ehemalige Mercedarier-Kloster El Paranynfom, das im 19. Jahrhundert die Universität beherbergte, heute ist dort eine nationale Kunstgalerie untergebracht.

Direkt am Park befindet sich der Palacio Legislativo; er wurde 1952–1955 an der Stelle des früheren Regierungsgebäudes erbaut und fällt durch den Säulenwald auf, auf dem das moderne Gebäude ruht. Die im 16. Jahrhundert im maurischen Baustil erbaute Iglesia San Francisco ist die älteste Kirche Tegucigalpas. In ihrem Innern befindet sich eines der wertvollsten honduranischen Gemälde des 18. Jahrhunderts, der »Erzengel Michael« von Zepeda. Die Kirche Virgen de los Dolores (5. Ave./6. Calle) wurde 1732 von befreiten schwarzen Sklaven, Garífuna-Familien und Mulatten errichtet. Die Fassade aus lasierter Keramik zeigt eine für Zentralamerika einzigartige und gelungene Mischung afro-indianischer Einflüsse mit europäischem Barockstil. Der Parque La Concordia, ein kurioses Kleinod der Stadt mit Miniaturrepliken von Maya-Bauwerken aus dem Jahr 1880, liegt in der 3 a Avenida.
Essen und Trinken: Direkt hinter der Kathedrale liegt das »Al Natural« mit Pasta und Meeresfrüchten; gute einheimische Küche serviert das »Restaurante Duncan Maya« (Ave. Cristóbal Colón im Westen der Plaza Central); Fleisch- und Käsefondue bietet das »Restaurante El Patio« (Calle Los Dolores 1024).
Ausgehen: Im Büro der Touristeninformation (Plaza La Merced) erhält man die monatlich erscheinende Broschüre »Programacíon Cultural«. Sie gibt Auskunft über die wichtigsten Kulturereignisse, Termine von Dichterlesungen, Buchvorstellungen, Musikabenden, Theaterdarbietungen, Rockkonzerten usw. Auch wenn man nicht Spanisch spricht, lohnt ein Besuch des Teatro Manuel Bonilla (2 a Ave.), dem einzigen Theater des Landes.
Ausflüge: Das Ausflugsangebot der Hauptstadt ist dank der guten Verkehrsverbindungen relativ groß und wird besonders an Wochenenden bis zu einem Umkreis von 100 km genutzt.
Die alten Minendörfer liegen im Osten der Stadt, zuerst Santa Lucía (15 km), das jedes Jahr am 4. Oktober ein großes Fest zu Ehren von Franz von Assisi feiert, dann Valle de Angeles (25 km), das heute ein Mekka des Kunsthandwerks ist, und schließlich San Juancito (30 km). Von hier gelangt man zum ältesten und bestgepflegten Nationalpark von Honduras: dem Parque Nacional La Tigra, der sich auf einem Areal von 75 qkm ausdehnt. Der Park mit herrlichen Nebelhochwäldern deckt 40 Prozent des Trinkwasserbedarfs der Hauptstadt.
Informationen: Instituto Hondureño de Turismo, Plaza La Merced, Tel. 383974, Fax 3821 02.

Restaurant in Valle de Angeles

Copán

Karte: Seite 112/113, Planquadrat F 5.
Anreise: Die Ruinenstätte liegt 10 Min. entfernt vom Ort Copán Ruinas. Copán Ruinas erreicht man von Honduras aus über die Provinzhauptstadt Santa Rosa de Copán bzw. von San Pedro Sula über den Kreuzungsort La Entrada. Von La Entrada gibt es eine direkte Busverbindung nach Copán Ruinas (Busgesellschaft »Etumi«, Fahrzeit ca. 3 Std.); La Entrada ist auch Ausgangsort für alle Weiterreisenden nach Guatemala und El Salvador.
Von Guatemala aus erreicht man Copán über die Carretera Atlantico (CA 9) bis nach Zacapa, hier Abzweigung nach Chiquimula und weiter durch die Dörfer Jocotan und Camotan zum Grenzort El Florido; die Straße ist ab Chiquimula in sehr schlechtem Zustand und nicht mehr ausgeschildert.
Wer mit einem guatemaltekischen Leihwagen die Grenze passieren will, benötigt eine Sondererlaubnis der Verleihfirma, sonst verweigern die honduranischen Grenzer die Einreise. Von El Florido ca. 20 km bis Copán Ruinas. Als Tagesausflug von Guatemala-Stadt ist Copán nur unter größten Anstrengungen zu erreichen; bequemer reist man bei einem Kurzbesuch mit dem Kleinflugzeugunternehmen »Jungle Flying« (Guatemala-Stadt, Tel. 31 49 95; Preis: 100

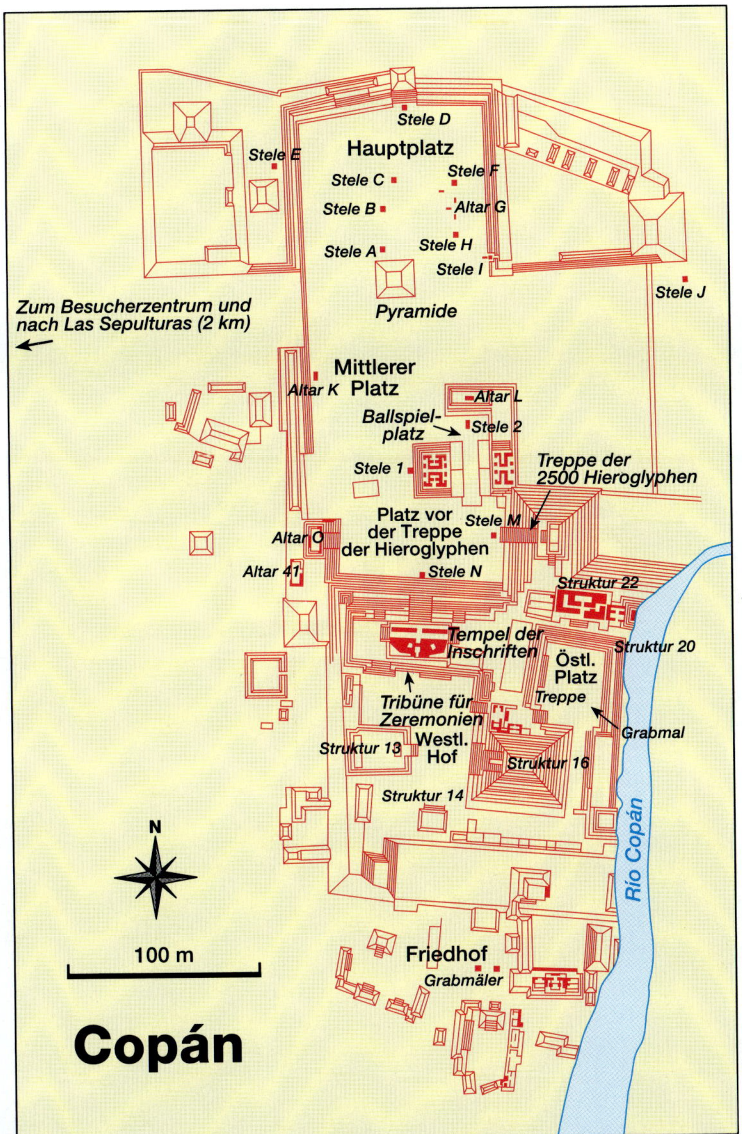

200 Jahre lang war Copán das Zentrum des südöstlichen Maya-Gebietes

US-$ inkl. Transfer, Verpflegung und einer Führung).
Übernachtung: Am besten wohnt man im »Marina Copán«, einem schönen Kolonialhaus direkt an der Plaza mit exzellentem Service (Tel. 98 30 70 - 2, Fax 57 30 76, 51 Zi., DZ 60 US-$). Vergleichbar ist man im »Maya Copán«, einem Haus mit großen schönen Zimmern, zwischen Plaza und Museum, untergebracht (Tel. 9 83 43, 15 Zi., DZ 45 US-$). Beliebt bei jungen Rucksackreisenden unweit des Zentrums Richtung Santa Rosa liegen die Hotels »Brisas de Copán« (Tel. 98 30 18, 19 Zi., DZ 10 US-$) und »Posada Honduras« (Tel. 98 30 82, 13 Zi., DZ 12 US-$). Einfach, sauber und empfehlenswert, Richtung Busbahnhof: »Las Genelos« (Telefon 98 30 77, 15 Zi., 8 US-$).
Sehenswürdigkeiten: Die Ruinen von Copán liegen in einem großen Parkgelände (tgl. 8–16 Uhr, Eintritt: 3 L; die Eintrittskarte berechtigt auch zum Museumsbesuch in Copán Ruinas). Man betritt die Anlage im Westen, besucht zuerst die Akropolis und die West Plaza mit dem Rosalila-Tempel und geht dann zur Gran Plaza mit den bedeutendsten Stelen und Objekten. Herausragendstes Bauwerk ist die »Hieroglyphentreppe«. Sie darf heute nicht mehr betreten werden und wird zum Schutz vor Regen und Sonne von einem Zeltdach abgeschirmt. Davor befindet sich der Ballspielplatz. Drei Markiersteine in der Mitte unterteilen das Spielfeld. Dieses mit zwei Mannschaften und einem Latex-Ball überall in der Maya-Welt ausgetragene und sehr beliebte Spiel war weniger Sport, es symbolisierte vielmehr den siegreichen Kampf der Lebenskräfte gegen die Mächte des Todes.
Museum: Direkt an der Plaza von Copán Ruinas befindet sich das überaus interessante Copán Museum, in dem in museumspädagogisch hervorragender Weise Geschichte und bedeutende Bauwerke der Maya-Stätte präsentiert werden. Viele der in der Ruinenstätte bewunderten Kunstwerke sind nur täuschend echte Repliken, die Originale befinden sich hier. Besonders eindrucksvoll ist das Modell des Maya-Grabes (tgl. 9–17 Uhr).
Essen und Trinken: Das beliebteste Restaurant ist das »Llama del Bosque« mit einheimischer Küche und wechselnden Menüs (westl. der Plaza Central, Tel. 98 34 31); Snacks und Musik bietet die »Tunkul Bar« (Tel. 98 34 10).

Comayagua

Karte: Seite 112/113, Planquadrat F 6.
Anreise: Die alte Hauptstadt liegt an der Direktverbindung von Tegucigalpa nach San Pedro Sula, 86 km von Tegucigalpa, 160 km von San Pedro Sula entfernt. Zwischen diesen Städten und Comayagua verkehren Busse im 30-Minuten-Takt.
Übernachtung: Comayagua hat keine große Auswahl an Übernachtungsmöglichkeiten. Zu den wenigen guten Hotels zählen das »El Emperador«, an der Straße nach San Pedro Sula (Stadtteil Torondón, Tel. 72 03 32, 38 Zi., 40 US-$) und das »American Inn« (Calle Comercial, Tel. 72 03 60, 31 Zi., DZ 45 US-$).
Sehenswürdigkeiten: Alle kolonialen Sehenswürdigkeiten liegen im Zentrum, allen voran die Kathedrale (Catedral de Comayagua) an der Plaza Mayor. Zu den alten Kirchen gehören auch die Iglesia de San Francisco (1584) am Plaza Francisco Morazán und die Iglesia La Merced (1547). Die Iglesia San Juan de Dios (1590), die 1750 zum Teil einem Erdbeben zum Opfer fiel, ist heute in das Krankenhaus Santa Teresa integriert.
Essen und Trinken: Das beste gegrillte Hähnchen der Stadt gibt es im »Pollos Chalo 3« (zwischen der Plaza Principale und dem Markt).
Veranstaltungen: Das ehemalige Pilgerstädtchen feiert drei Patronatsfeste: das erste zu Ehren des Heiligen Sebastian (18.–23. Januar), beim zweiten gedenkt man der Jungfrau von Lourdes (2.–11. Februar) und das dritte zu Ehren der Jungfrau von Guadaloupe (12. Dezember).
Ausflüge: Eine knappe Stunde gen Norden Richtung San Pedro Sula benötigt man bis zum Lago de Yojoa. Der fischreiche See (90 qkm) liegt 365 m hoch und wurde 1971 zusammen mit ca. 350 qkm seines Umlandes zum »Naturschutzgebiet mit vielseitiger Nutzung« erklärt. Im See liegt die kleine Isla del Venado. Übernachtung: Mittelklassemotel »Los Remos« (Nähe Pito Solo, Holz-Bungalows am See, Restaurant, Pferde, Bademöglichkeiten, Bootsvermietung) oder Motel »Agua Azúl« in Santa Cruz de Yojoa auf einem Hügel mit Blick auf den See, schöner Lage, Doppel- und Einzel-Bungalows (Cabañas; Tel. 53 47 50, DZ 30 US-$).
In Pulhapanzák, 20 km vom See entfernt in nordwestlicher Richtung, erreicht man den schönsten Wasserfall des Landes mit einer Kaskade von über 40 m Höhe.

HONDURAS: KÜSTE

Karibik zum Entdecken

Viele klassische Karibik-Ziele sind inzwischen überlaufen. In Honduras jedoch ist die Karibik wie sie einmal war: ursprünglich und einsam. Zu bieten hat die Küstenregion ruhige Städtchen mit langen Palmenstränden wie Trujillo, Tela oder La Ceiba und die Islas de la Bahía, eine bisher kaum bekannte Inselwelt vor der Küste mit einzigartigen Tauchgründen (Fotos: Roatán, West-End).

Auf seiner dritten Amerikafahrt landete Kolumbus am 30. Juli 1502 auf der Karibikinsel Guanaja und hatte damit Honduras »entdeckt«. Kaum waren die geographischen Koordinaten im spanischen Königreich bekannt, machten sich in erster Linie jene auf, die unter Isabella der Katholischen keine Karrierechancen hatten: verbannte Adlige, Glücksritter, abgehalfterte Offiziere und wüste Gesellen. Sie alle suchten »El Dorado«, die Goldstadt – doch sie haben diesen sagenhaften Ort auch in Honduras nicht gefunden.

San Pedro Sula ist immerhin das moderne El Dorado des Landes. Nur zwei Flugstunden von Miami entfernt, besitzt die Metropole des jungen Wohlstands die meisten modernen Hochhäuser des Landes; Glas und Beton bestimmen das Stadtbild. Hier zeigt sich Honduras von seiner modernen, dynamischen Seite. Um wenigstens einen Hauch von Geschichte durch die Straßen San Pedro Sulas wehen zu lassen, haben die Stadtväter ihre 1985 eingeweihte Kathedrale zwar aus Beton, aber im Stil einer Kolonialkirche mit neoklassizistischen Elementen errichtet.

Die Demokratie steckt in Honduras noch in den Kinderschuhen: Immer wieder erschüttern politische Morde das Land. Opfer sind meist engagierte Menschenrechtler, auch Präsident Carlos Roberto Reina war schon das Ziel eines Attentats. Häufig steckt das Militär dahinter. Seit die Generäle nicht mehr regieren –

Seerosen im Botanischen Garten von Lancetilla

Kanonenkugeln in der spanischen Festung San Fernando de Omoa von 1759

Beachvolleyball am Strand von Tela

Der Norden von Honduras steht ganz unter karibischem Einfluß. In San Pedro Sula, der zweitgrößten Stadt des Landes, und in den Hafenstädten und Fischerdörfern entlang der Karibikküste bestimmt das tropische Klima den Tagesablauf.

Haupteinkaufsstraße von Tela, einem der wichtigsten Bananenexporthäfen

Kunsthandwerk in San Pedro Sula

Erst 1985 wurde die Kathedrale der Industriestadt San Pedro Sula fertiggestellt

das taten sie von 1963 bis 1981 – drohen sie unverhohlen jeder Regierung, wenn ihnen deren Entscheidungen nicht passen. Meist rollen dann unter einem Vorwand Panzer durch die Hauptstadt und durch San Pedro Sula. Bisher ist es der jungen Demokratie in Honduras noch nicht gelungen, die bewaffneten Streitkräfte tatsächlich einer zivilen Kontrolle von Parlament und Präsident zu unterstellen.

Schnell war das Schicksal der Indígenas besiegelt

Zu den ersten Siedlungen, die die Spanier an der Atlantikküste gründeten, gehörten Puerto Cortés und Trujillo. Bald stießen sie auf den Widerstand der Indígenas, der sich nach der Gründung von Comayagua seit 1540 unter der Führung ihres Königs Lempira verstärkte. Doch die europäische Waffenüberlegenheit besiegelte das Schicksal der Maya-Krieger. Der militärischen Unterwerfung folgte der Abbau der Edelmetallvorkommen. Dann wurde die Ausbeutung des Landes mittels Zwangsarbeits- und Tributzahlungssystemen fortgeführt.
Dennoch spielte die Provinz Honduras im spanischen Generalkapitanat Guatemala keine besonders gewichtige Rolle. Das lag wohl auch daran, daß sich Spanien an der Atlantikküste und auf den ihr vorgelagerten Inseln mit Piraten und vor allem seit dem Ende des 17. Jahrhunderts mit der britischen Seemacht auseinandersetzen mußte.

Im »Bananenzug« durch den Alltag von Honduras

Wer vor einem Badeurlaub an den Atlantikstränden oder auf den Islas de la Bahía noch einmal so richtig in den honduranischen Alltag eintauchen möchte, der sollte nicht den Touristenschnellbus mit Klimaanlage nehmen, sondern mit dem »Bananenzug« von San Pedro Sula nach Tela fahren. Mit einem halben Dutzend luftigen alten Wagen rattert der Schmalspurzug über die mehr als ein halbes Jahrhundert alten Gleise. Einst wurden hier Bananen von den Plantagen zu den Kühlschiffen transportiert. Heute sind in dem Bummelzug Landarbeiter mit ihren Familien und Haustieren unterwegs.
Einer der wichtigsten Bananenexporthäfen des Landes ist Tela auch heute noch – und dazu ein ausgesprochen reiz-

volles Städtchen. Ein 30 Kilometer langer Sandstrand von Triunfo de la Cruz im Osten bis Punta Sal im Westen geht an der Stadtgrenze nahtlos in eine Strandpromenade mit Restaurants und Hotels über. Zudem besitzt Tela eine freundliche Altstadt mit weißen Holzhäuschen in engen Gassen.

Aber bald wird es hier mit der Ruhe vorbei sein: Aus den schönen großen Villen hinter den Palmen direkt am Strand, in denen früher die Manager der United Fruit Company wohnten, sollen kleine Hotels und Pensionen werden. Fast 25 Millionen US-Dollar werden zur Förderung des Tourismus in das »Tela Bay Development Project« investiert.

Noch aber herrscht an dem Strand nur an den Wochenenden Gedränge: Hunderte von Straßenhändlern bieten alles nur Erdenkliche an, honduranische Familien grillen Fleisch und Fisch unter den Palmen, laute Reggae-, Merengue- und Salsamusik dröhnt aus tragbaren Ghettoblastern. Erst am Sonntagabend, wenn die Busse in Richtung San Pedro Sula abfahren, kehrt wieder die gewohnte Ruhe ein.

Vom Experimentiergarten zum Naturschutzgebiet: Lancetilla

Nur fünf Kilometer südlich von Tela entfernt liegt Lancetilla, ein riesiger Botanischer Garten. Ursprünglich wurde auf dem 694 Hektar großen Gelände im Auftrag der United Fruit Company mit verschiedenen tropischen Pflanzen experimentiert, um neben den Bananen weitere profitable Nutzpflanzen ausfindig zu machen. Seit 1925 wurden unter der Leitung des US-Amerikaners Wilson Popenoe sehr viele Heilpflanzen, Obstbäume, Gewürze, Orchideen, ein Bambuswald, großartige Königspalmen und dekorative Büsche angepflanzt. Inzwischen sind über 600 verschiedene tropische Bäume aus den unterschiedlichsten Herkunftsländern herangewachsen. Da auch mehr als 200 verschiedene Vogelarten jetzt in Lancetilla heimisch sind, wurde der Botanische Garten jüngst zur »Reserva Biologica« erklärt und unter höchsten Naturschutz gestellt.

Wie Tela verdankt auch die Hafenstadt La Ceiba allen Wohlstand den Bananen und Ananas. »Ceibita la Bella« – »das schöne kleine Ceiba« nennen die Menschen dort ihre Heimat. Diesen Namen trägt die Stadt zu Recht, auch wenn die

Hafenstädtchen La Ceiba: Blick in die Avenida San Isidro

Shopping in »Ceibita la Bella« – dem »schönen kleinen Ceiba«

Lange Zeit beherrschten Fremde die Küstenregion: Zuerst kamen die Spanier, die Festungen bauten und Städte gründeten. Ihnen folgten zu Beginn des 20. Jahrhunderts die mächtigen US-amerikanischen Bananen-Konzerne.

Alte Bananenzug-Lokomotive in La Ceiba

Trujillo bietet die längsten und schönsten Palmenstrände von Honduras

Trujillo: Kanonen der Festung Santa Bárbara von 1590

Garífunas beim Fischen (unten)

Geschäftigkeit im Hafen und damit der Wohlstand nachgelassen haben. Aber von der Lebensqualität La Ceibas, das als einzige Stadt an der Küste einen Flughafen besitzt, scheinen auch viele ältere US-Amerikaner überzeugt zu sein, die früher im Dienste der United Fruit standen und heute lieber hier als im US-Norden ihre Rente genießen.

Trujillo – die lange umkämpfte Stadt der Palmenstrände

Die östlichste der einst bedeutenden Hafenstädte an der honduranischen Atlantikküste ist Trujillo, wie Puerto Cortés 1525 von den Spaniern gegründet. Von hier aus verschifften sie Gold und Silber in die Heimat. Das lockte auch zahlreiche Piraten an wie van Hoorn und Aury Morgan. Die Briten, die 1700 die vorgelagerten Islas de la Bahía besetzt und seit 1713 Niederlassungen am Kap Gracias a Dios und an der Mündung des Rio Tinto gegründet hatten, interessierten sich seit dem Beginn des 18. Jahrhunderts ebenfalls für die Stadt.
Heute ist Trujillo ein ruhiger Ort mit dörflicher Atmosphäre und den längsten, schönsten von Kokospalmen beschatteten Stränden, mit ganzjährig tropischer Hitze und einer erfrischenden Meeresbrise.
Trujillo ist die Stadt der Garífuna: 85 Prozent der rund 10 000 Einwohner sind Nachkommen jener westafrikanischen Sklaven, die nach einer jahrhundertelangen Odyssee über die Karibischen Inseln an der mittelamerikanischen Küste landeten. Etwa 200 000 Garífunas leben heute im Norden von Honduras, verteilt auf 40 Dörfer.

Garífunas: die Nachkommen der afrikanischen Sklaven

Auf den ersten Blick scheinen sie in das gesellschaftliche System integriert. Doch sie sind eine machtlose Minderheit, ohne einen Abgeordneten im Kongreß und ohne wirkliche Selbstbestimmungsmöglichkeiten. Mehr schlecht als recht verdienen die Männer ihren Unterhalt als Fischer oder Landarbeiter, Frauen und Kinder versuchen am Strand, den wenigen Touristen Kokosnußbrot und hausgemachte Süßigkeiten zu verkaufen. Abends aber hört man ihre Musik und besonders ihre Trommeln. »Punta« heißt ihr Tanz, zu dessen Takt sich Frauen,

Männer und Kinder rhythmisch wiegen, ohne sich dabei von der Stelle zu bewegen.
Wenn man es nicht wüßte, würde man nicht merken, daß die Islas de la Bahía, jene fast unbekannte Inselwelt vor der Nordküste, zu Honduras gehören. »Where are you from?« fragt der schwarze Beamte am Flughafen Roatán die einreisenden Besucher und nicht »De donde esta?«. Die rund 70 Inseln und Inselchen haben als »Bay Islands« durch ihre Geschichte, ihre Tradition und ihre Bevölkerung größere Gemeinsamkeiten mit den anderen Karibik-Inseln als mit dem mittelamerikanischen Festland.
Zwischen 30 und 50 Kilometer beträgt die Entfernung zur honduranischen Küste. Touristisch sind bisher nur die drei Hauptinseln Roatán, Guanaja und Utila erschlossen. Alle Inseln zusammen erstrecken sich über eine Fläche von 260 Quadratkilometern. Geologisch gesehen ist dieses Archipel Teilstück eines der längsten Korallenriffs der Erde, das sich von der Atlantikküste Mexikos bis vor die Küste Südamerikas hinzieht.

Roatán: Strand bei West-End

Karibik à la Honduras: Islas de la Bahía

Tauchexperten sind sich einig, daß dieses Riff mit zu den schönsten Tauchgründen der Welt zählt: Dort kommen 95 Prozent der in der Karibik existierenden Korallen vor. Während die nördlichen Küsten der Inseln flache Saumriffs mit herrlich blauen Lagunen und sanftgeschwungenen Palmenstränden bilden, finden sich an den südlichen Küstenabschnitten von Roatán steile Korallenwände und phantastische Schelf-Riffs, eine wunderschöne intakte Korallenwelt ohne Unterwasserabfälle oder Ankerzerstörungen. Wenn keine Palmen ihre Ufer säumen, sind es die dichten Mangrovengürtel mit ihrer

Segelyachten in French Harbour an der Südwestküste von Roatán

Die Islas de la Bahía sind ein Taucher-Eldorado

bunten Vogelwelt, die das reizvolle tropische Ambiente der Inseln ausmachen. Mit den Festlandbewohnern haben die rund 25 000 Isleños wenig gemein. Im 16. Jahrhundert wurden die indianischen Ureinwohner von englischen Eroberern getötet oder verschleppt.
Heute existiert hier eine fremdenfreundliche »Regenbogengesellschaft«, zusammengesetzt aus den Nachkommen karibischer Mestizen, englischer Piraten und Abenteurer, freigelassener oder entflohener schwarzer Sklaven, die aus Afrika kamen, ja, man trifft sogar Garífunas, die französische und holländische Freibeuter unter ihren Ahnen haben. Entsprechend bunt ist das Sprachengewirr: Englisch ist die Verkehrssprache, Spanisch Amts- und Schulsprache, und untereinander sprechen viele Mereño, eine Art karibisches Esperanto.
Die Islas de la Bahía sind für mondäne, komfortgewöhnte Karibik-Urlauber nicht der richtige Ort. Tropische, etwas melancholische Gelassenheit, knarrende Holzdielen und träge rotierende Ventilatoren statt gekachelter Bäder und airconditiongekühlter Luxussuiten – man denkt eher an Robinson Crusoe als an Acapulco. Auf allen drei Hauptinseln gibt es etwa ein Dutzend Tauch- und Urlaubsresorts und zwei Dutzend kleine und kleinste Hotels, alle zusammen mit nur 600 Betten – gerade so viele wie in einem einzigen großen Strandhotel im benachbarten mexikanischen Cancún.

Karibik pur: das Fischer- und Feriendorf West-End auf Roatán

Roatán: Bucht von Paya Beach …

… und Oak Ridge (unten)

Die der honduranischen Karibik-Küste vorgelagerten Inseln sind seit langem unter Segel-, Bade- und Tauchurlaubern ein Geheimtip. Denn auf den Islas de la Bahía findet man außer angenehmen klimatischen Verhältnissen, günstigen Winden und einzigartigen, intakten Tauchgründen vor allem Ruhe und Abgeschiedenheit. Die Isleños lebten früher vom Fischfang und der Versorgung der Piraten, die bis ins 19. Jahrhundert hinein in dieser einsamen Welt mit rund 70 kleinen und kleinsten Inseln Unterschlupf suchten.

REISE-INFO
HONDURAS: KÜSTE

San Pedro Sula

Karte: S. 112/113, Planquadrat E 6.
Anreise: Man erreicht San Pedro Sula mit dem Flugzeug entweder direkt aus Miami oder mit Zwischenstopps in Tegucigalpa bzw. den Hauptstädten der Anrainerstaaten. San Pedro Sula ist auch Umsteige-Flughafen für Besucher der Islas de la Bahía. Von San Pedro Sula bestehen ausgezeichnete Verkehrsverbindungen nach Copán und an die Karibikküste.
Unterkunft: Das »Gran Hotel Sula«, direkt im Zentrum neben der Kathedrale, ist ein komfortabler 12stöckiger Betonbau (1 Calle 3, 4 Ave., Tel. 52 99 99, Fax 52 70 00; 125 Zi., DZ ab 65 US-$). Zwei Hotels mit gleichem Namen liegen im Stadtzentrum, unterscheiden sich jedoch in Komfort und Preis. »Palmira 1« (6-7 Ave./ 6 Calle, Tel. 53 36 74; 27 Zi., DZ ab 20 US-$) und »Palmira 2« (7 Ave., 4, 5 Calle, Tel. 52 23 63; 19 Zi., DZ ab 10 US-$).
Sehenswürdigkeiten: Nur die für mittelamerikanische Verhältnisse futuristisch anmutende Innenstadt und die neoklassizistische Kathedrale (1985) im Stadtzentrum lohnen einen Besuch.
Verkehrsmittel: Die Überlandbusse fahren von den Büros der Busgesellschaften ab: Nach Tegucigalpa (ca. 250 km, ca. 5 Std.) mit »Hedman Alas« (7a-8a Ave., N.O./3a Calle 52, Tel. 53 13 61). Nach Copán Ruinas (ca. 200 km, 6 Std.) und zur guatemaltekischen Grenze fahren die Direktbusse von »Etumi« (6 Calle/6-7 Ave., S.O.). Nach Puerto Cortés (60 km, ca. 1 Std.) »Empresa Impala« (2a Ave./ 4a-5a Calle, S.O. 23, Tel. 53 31 11). Eisenbahn nach Puerto Cortés: tgl. 6.45 Uhr.
Information: Edificio Inmosa, 4a Ave./ 3a-4a Calle und am Flughafen.

Tela

Karte: Seite 112/113, Planquadrat E 6.
Anreise: Mit Bus (90 Min.) oder »Bananenzug« (4 Std.) von San Pedro Sula.
Unterkunft: Nahe dem einstigen Stadtzentrum liegen die »Villas Telamar«. Die Holzhäuser der ehemaligen Bananenarbeitersiedlung wurden restauriert und mit allen Annehmlichkeiten ausgestattet (Tela Nueva, Barrio Independencia, Tel. 58 21 93-97, Fax 482984; 164 Häuser, DZ ab 50 US-$). Preiswerter wohnt man im »Sherwood« am Strand (Tel. 48 24 16, 48 22 94; 14 Zi., DZ ab 20 US-$).
Sehenswürdigkeiten: Die Innenstadt mit ihren engen Gassen und Holzhäusern.
Restaurant: »Drive-In Caracol« auf der Sandpiste westlich von Triunfo de la Cruz nach La Ensenada; Strandrestaurant, Spezialität: Meeresfrüchte.
Ausflüge: Jardin Botanico de Lancetilla (5 km Richtung Süden ins Landesinnere; tgl. 9–17 Uhr); Marinenationalpark Punta Sal westlich von Tela.

La Ceiba

Karte: Seite 112/113, Planquadrat E 6.
Anreise: Mit dem Flugzeug von San Pedro Sula oder Tegucigalpa bzw. mit dem Bus von San Pedro Sula (3,5 Std.) oder Tela (2 Std.). Eisenbahnverbindung von Puerto Cortés mit Umsteigen in Progreso (5 Std.).
Unterkunft: »La Quinta« ist eine weiträumige, flache Hotelanlage, die größte und beste Bleibe in der Stadt (an der Straße von La Ceiba nach Tela, gegenüber dem Golf Club, Tel. 43 02 23-25, Fax 43 02 26; 77 Zi., DZ ab 35 US-$). Zu den einfacheren guten Häusern gehört das »Ceiba« (Ave. San Isidro/ 5a Calle, Tel. 43 27 47; 40 Zi., DZ ab 15 US-$).
Ausflüge: Die schöneren Sandstrände liegen östlich der Stadt Richtung Trujillo. Dort gibt es noch zahlreiche weitere hervorragende Strände wie die Laguna Guaymoreto. Westlich von La Ceiba befindet sich das Mangrovenreservat Cuero y Salado.

Islas de la Bahía

Karte: Seite 112/113, Planquadrat E 7.
Anreise: Roatán besitzt einen internationalen Flughafen und wird mehrmals täglich aus San Pedro Sula und Tegucigalpa

Auf dem Mercado Central in San Pedro Sula

angeflogen, dreimal die Woche aus Miami. Aus Europa fliegt nur »Iberia« einmal in der Woche direkt nach Tegucigalpa und San Pedro Sula (Anschluß s.o.). Flugverbindungen nach Guanaja von San Pedro Sula, La Ceiba und Roatán, nach Utila nur von La Ceiba und Roatán, mehrmals täglich mit Kleinflugzeugen (Preis: 15 US-$). Fährverbindungen nach Guanaja regelmäßig von Puerto Cortés, nach Utila tgl. von La Ceiba (Preis: 6 US-$). Zwischen den Inseln verkehren ebenso kleine Fährschiffe, allerdings unregelmäßig.
Unterkunft: ***Roatán:*** Luxus-Privatinsel »Fantasy Island Beach Resort« (French Harbour, Tel. 45 12 22, Fax 45 12 68; 75 Zi., DZ ab 125 US-$). Preiswerter wohnt man im »Cay View«, Pension in Familienbesitz, für preisbewußte Tauchfreunde, regionale Küche, gute Kontaktmöglichkeiten zu Einheimischen (Coxen Hole, Barrio El Centro, Tel. 45 12 02, Fax 45 11 79; 15 Zi., DZ ab 30 US-$). ***Guanaja*** verfügt nur über wenige Hotels, bietet aber Tauchenthusiasten ein phantastisches Riff. »Bayman Bay Club« ist eine Anlage mit 17 geschmackvoll eingerichteten Holzbungalows an einer Lagune mit dichtbewaldetem Privatstrand (Tel. u. Fax 45 41 79; 14 Zi., Bungalow ab 95 US-$). »Alexander«, am südwestlichen Bonacca Cay, freundlicher Service, Terrasse mit Meerblick, schönes Hotel (Guanaja-Stadt, Tel. 45 43 26, Fax 45 41 79; 15 Zi., DZ ab 40 US-$). ***Utila:*** Einfache Zimmer in Holzhäusern bieten ca. 15 Pensionen im Dorf ab 5 US-$ pro Person an, darunter »Harbour View Inn« oder »Blue Berry Hill«.
Ausflüge: ***Roatán:*** Parque Nacional Marino Barbareta beim Garífuna-Dorf Punta Gorda. Besonders schön ist die Traumbucht von Port Royal (Bahía de Port Royal). Die Möweninsel Barbareta ist ideal zum Schnorcheln und für Wanderungen, und das Santuario Marino West-End ist das Naturschutzgebiet mit dem schönsten Sandstrand der Insel, vorgelagerten Korallenriffen und zahlreichen Montículos, Erdhügeln mit Spuren präkolumbischer Bewohner. ***Guanaja:*** Höhle Cueva el Mar im Süden in einem 25 m hohen Felsen. Beim Hotel »Posada del Sol« führt ein Fußweg vom Strand durch ein Tal mit tropischer Vegetation zu einem imposanten Wasserfall (Süßwasser-Bademöglichkeit). Ein »Paradies« zum Sonnen, Schnorcheln, Schwimmen und Tauchen ohne Moskitos und Sandfliegen befindet sich auf der Guanaja-Stadt vorgelagerten kleinen Insel Westpoint.

BELIZE Schmelztiegel der Kulturen

Im Lauf der Geschichte ist in Belize ein einzigartiger Kulturen-Mix entstanden (Foto: Belize City). Garífunas, Indígenas, Mestizen, Araber, Chinesen und Mennoniten leben friedlich zusammen. Dazu lockt das Land mit schönen Karibik-Stränden, Korallen-Inseln und viel unberührter Natur. Tief im Urwald befinden sich zahlreiche Maya-Städte, die nun freigelegt werden.

Zweimal im Jahr begegnet man auf den Straßen Belizes überladenen Zuckerrohrtransportern

San Ignacio: früher Kino und Theater, heute Marktschuppen

Hawkesworth Bridge in San Ignacio

Cockscomb-Naturschutzgebiet: Jaguar (unten)

. . . und Leguan in dem 400 Quadratkilometer großen Urwaldpark (unten)

Die Maya nannten den Jaguar »Balam«. Ihn verehrten sie, nach ihm benannten sie ihre Krieger, er verkörperte das Sinnbild der Herrschaft. Weltweit gibt es heute nur ein einziges Wildschutzgebiet für diese Großkatze: das Cockscomb Basin Wildlife Sanctuary im südlichen Belize bei Dangriga. Eine Wanderung durch den 400 Quadratkilometer großen tropischen Regenwald im Ur-Zustand ist ein unvergeßliches Erlebnis, doch einen der rund 70 Jaguare wird man dabei kaum zu Gesicht bekommen: Die bis zu zwei Meter langen Großkatzen sind nur in der Nacht aktiv.

Cockscomb Sanctuary: dem Jaguar auf der Spur

Wer einem Balam begegnen möchte, sollte deshalb lieber gleich den Nationalen Zoo 50 Kilometer nördlich von Belize City besuchen. Hier lebt eine Jaguarfamilie, die 1980 bei einem US-Film »mitwirkte« und nach den Dreharbeiten im Land zurückgelassen wurde. Die Jaguare sind zwar die Attraktion in diesem Zoo, aber viele einheimische Tierarten, mehr als 100 an der Zahl, darunter auch der stupsige Tapir und der schwarze Brüllaffe, sind dort in einer relativ naturnahen Umgebung zu beobachten.

Maya – Natur – Karibik: Damit wirbt Belize um Touristen. Und in der Tat, von all dem hat das Land genug – in ursprünglicherem Zustand als die Nachbarstaaten.

Belize ist der jüngste Staat Mittelamerikas und kann im Gegensatz zu seinen Nachbarn nicht auf eine spanische Kolonialvergangenheit zurückblicken. Hier hinterließen die Briten ihre Spuren: die Sprache und eine solide demokratische Tradition, die das friedliche Zusammenleben vieler verschiedener Völker möglich macht. Eindrucksvolle Kolonialmonumente sucht man vergebens. Dafür bietet das ehemalige »British Honduras« viel Natur. Denn in Belize wird der Erhalt der Natur großgeschrieben: 40 Prozent des Landes stehen unter Schutz.

Belize ist ein kleines Land, etwa so groß wie Hessen, aber es zählt nur 200 000 Einwohner. Es ist ein buntes Völkchen, das sich an der schwer zugänglichen Karibikküste zwischen Mexiko und Guatemala festgesetzt hat. Nicht minder bunt ist seine bewegte Geschichte. Angefangen hat sie, als im 17. Jahrhundert aus englischen Schiffbrüchigen Holzfäller wurden, die recht erfolgreich mit Edelhölzern handelten. Das wiederum rief die Spanier auf den Plan, die sich für die Gewinne interessierten.

Seerosen auf dem New Belize River

Großbritannien versuchte, seine Staatsbürger durch Verträge zu schützen. Das gelang auch 150 Jahre lang. In dieser Zeit holten die Holzfäller schwarze Sklaven ins Land. Doch Spanien ließ nicht ab von seinen Eroberungsbemühungen und ging 1789 mit seiner Flotte in die Offensive über. Das Empire schickte Kriegsschiffe, die die spanische Karibik-Armada in der Schlacht von St. George's Caye vernichteten. 1862 erklärte Großbritannien Belize zu seiner Kolonie, 1871 dann zu seiner Kronkolonie und gab ihr den Namen British Honduras. Erst 1981 erlangte Belize seine Unabhängigkeit und ist seitdem Mitglied im Britischen Commonwealth.

Statistisch sind die afro-europäischen Kreolen im heutigen Belize in der Überzahl, aber sie fallen nicht sonderlich auf in dem Bevölkerungsgemisch, das hier friedlich zusammen lebt. Die Garifuna beispielsweise, die dunkelhäutigen Nachkommen der Kariben und afrikanischen Sklaven, die sich stolz Garinagu nennen, wurden von den Briten in der ersten Hälfte des 19. Jahrhunderts von den Kleinen Antillen in die Gegend von Dangriga zwangsumgesiedelt. Ihre Musik, der Punta Rock, ist überall im Land zu hören, und Andy Palacio, der Superstar des Karibikstaates, hat ihn mittlerweile auch jenseits der Grenzen bekannt gemacht.

Belize: die karibische Regenbogengesellschaft

Den Gegenpol zu dieser scheinbar sorglosen Lebensfreude bilden die hellhäutigen Mennoniten, jene kleinen, tiefreligiösen Gemeinschaften, die abseits der Zivilisation und streng nach der Bibel leben. Im 16. Jahrhundert von Staat und Kirche verfolgt, wanderten sie aus Deutschland in großer Zahl nach Rußland aus, dann nach Zentralamerika und Kanada, und einen Teil verschlug es ins britische Honduras. Freizeit ist ihnen fremd, sechs Tage wird gearbeitet, und am siebten gebetet. Nur an Ostern, Weihnachten und Pfingsten machen sie drei Tage Urlaub, um Verwandte zu besuchen.

Menschen aus aller Welt und aus sehr unterschiedlichen Kulturkreisen leben in Belize. Doch ohne die jahrhundertelange britische Prägung wäre das tolerante Nebeneinander in dieser karibischen Regenbogengesellschaft undenkbar.

Maya-Stätten in Belize zu besuchen, ist schwieriger und anstrengender als in den anderen Ländern entlang der Ruta Maya. Obwohl in der Liste des zuständigen Department of Archeology über 500 von ihnen aufgeführt werden, sind nur etwa 20 freigelegt und von denen wiederum nur ganz wenige zum Teil restauriert. Belizes Mittel für Ausgrabungen und Restaurierungen sind begrenzt, und die Natur ist übermächtig.

Noch verbirgt der Urwald die meisten Maya-Tempel

Keine der Ruinen hält einen Vergleich mit den restaurierten Stätten in Tikal, Copán oder Chichén Itzá stand. Aber wenn man sie besucht, befällt einen ein wenig von dem Glücksgefühl, das die frühen Entdecker gehabt haben müssen, als sie mitten im Dschungel vor diesen steinernen Zeugen einer untergegangenen Kultur standen. Gerade weil sie unvollständig freigelegt und zum Teil wieder zugewachsen sind, setzen sie Phantasien frei, erfährt man unmittelbar, welch große Anstrengungen heute nötig sind, um

Blick vom »Castillo« auf die Tempelanlage von Xunantunich bei San Ignacio

Altun Ha: Vogelperspektive . . . . . . und Herrscherporträt (unten)

Auch das Gebiet des heutigen Staates Belize war Teil des Maya-Reiches. Hier errichteten sie beispielsweise in Altun Ha oder in Xunantunich herausragende Pyramidenstätten, die erst in jüngster Zeit ins Blickfeld der Maya-Forschungen gerückt sind. Deshalb stehen die Restaurierungsarbeiten bei den meisten Ruinenstätten erst am Anfang. Noch sind viele vom dichten Urwald umgeben und auch aufgrund fehlender Verkehrsanbindungen für die Besucher oft nur unter großen Mühen zu erreichen.

Xunantunich wurde bisher nur teilweise ausgegraben

3000 Jahre lang – von 1500 vor bis 1500 n. Chr. – bewohnten Maya die Tempelstadt Lamanai

Beschriftete Stele in Lamanai

die Vergangenheit wiederzuentdecken. Schon die Anreise nach Lamanai, einer der ältesten und größten Maya-Stätten in Belize, ist ein Abenteuer für sich: Nur mit einem allradgetriebenen Jeep oder per Boot auf dem New River gelangt man an diesen Ort, der seit über 3000 Jahren besiedelt ist. Von der Bootsanlegestelle führt ein Pfad durch dichte Vegetation zur größten Tempelpyramide der Anlage, die in der Sprache der Archäologen den Namen »Structure N 10–43« trägt. Nur eine gefährlich steile Treppe führt zur oberen Plattform in 33 Metern Höhe. Wer aber oben angelangt ist, wird durch eine herrliche Aussicht belohnt.

Ob von Lamanai einst eine Zeremonienstraße der Maya, eine Sacbe, zum östlich gelegenen Altun Ha führte, ist noch nicht eindeutig geklärt, aber Altun Ha, nur zehn Kilometer vom Meer entfernt, gehört ebenfalls zu den großen Maya-Stätten in Belize.

Heute erstreckt sich zwischen Lamanai und Altun Ha das »Crooked Tree Wildlife Sanctuary«, ein 1984 geschaffenes Naturschutzgebiet. Zwischen Oktober und April sammeln sich in diesem Landstrich voller Sümpfe und kleiner Seen mit stehenden Flußverbindungen riesige Vogelschwärme. In dem zwölf Quadratkilometer großen Gebiet leben der riesige Jabiru-Storch, Pelikane und Reiher und zahlreiche Zugvögel. In den letzten Jahren haben sich im Schutz des Parks weitere Arten angesiedelt: Krokodile und Schildkröten, seltene Leguane und schwarze Brüllaffen.

Baboon Sanctuary: die letzte Heimat der Brüllaffen

Letztere tragen ihren Namen Howler Monkeys ganz zurecht, denn ihr lautes Gebrüll hört man kilometerweit im Dschungel, meist am frühen Morgen oder am Nachmittag, wenn sie sich von einer Baumkrone zur anderen schwingen, um Nahrung zu suchen. Diese Brüllaffen, die bei den Einheimischen Baboons heißen, leben in kleinen Gruppen zusammen und sind vom Aussterben bedroht. Deshalb hat man in Belize 1985 südlich des Crooked-Tree-Parks ein 50 Quadratkilometer großes »Community Baboon Sanctuary« geschaffen, in dem die letzte freilebende Brüllaffenhorde Zentralamerikas ihre Heimat hat.

Manchmal kann man diese Tiere auch in Altun Ha sehen, wenn sie auf den halb-

verfallenen, von Vegetation überwucherten Ruinen herumklettern. Altun Ha war vermutlich ein Handelsplatz auf der Route von Guatemala zur Karibikküste am östlichen Rand des Maya-Reiches. Fundstücke weisen auf Handelsbeziehungen mit Teotihuacán im mexikanischen Hochland hin.
Besonders schön ist der »Tempel des Gemauerten Altars«. Zu diesem um 650 entstandenen langgestreckten Komplex führt eine Treppe hinauf. Unter dem Altar dieses Tempels wurde von den zwischen 1964 und 1971 hier grabenden kanadischen Archäologen des Ontario-Royal-Museums in einem Grab die größte erhaltene Jadeplastik der Maya entdeckt: der Jadekopf des Sonnengottes Kinich Ahau. Dieses Bildnis ziert heute die Banknoten Belizes.

Ausflug in die Welt der Maya: Altun Ha und Xunantunich

Wer sich auf dem Western Highway weit in den Südwesten des Landes Richtung guatemaltekische Grenze vorwagt, der kann westlich der Stadt San Ignacio in Xunantunich auf eine der höchsten Maya-Ruinen Belizes klettern; doch zuerst muß er mit einer Fähre im Dorf San José Soccoths einen Seitenarm des Belize River überqueren. Xunantunich, aus Kalksteinen der nahen Maya Mountains errichtet, ist noch kaum ausgegraben. Am Südende der Anlage erhebt sich »El Castillo«, eine Pyramide von 40 Metern Höhe. Nur ein schmaler, nicht gesicherter Pfad führt hinauf zu den Ruinen des Tempels, von dessen Dachkamm man eine einmalig schöne Aussicht über den Cayo District und bis hinein nach Guatemala hat.

Caracol: die wichtigste Maya-Stadt Mittelamerikas?

Hier im südlichen Belize, weitab von befestigten Straßen, liegt eine Maya-Stätte, die man zwar schon 1938 entdeckt hatte, deren Bedeutung aber erst nach umfangreichen Ausgrabungen seit 1985 ins Bewußtsein der Maya-Forschung gelangt ist. In Caracol, der »Stadt der Schnecke« mitten im dichten Dschungel, wurde 1986 ein runder Altarstein ausgegraben, der den Sieg von Caracol über Tikal beschreibt. Galt Tikal einst als die mächtigste Maya-Metropole in Petén, so avanciert durch diese Entdeckung Caracol zu

Mangroven vor Caye Caulker

Blue Hole – eine Einzigartigkeit in der Karibik

Hauptstraße auf Ambergris Caye (unten)

Ambergris Caye: Palmenstrand

einer später nicht minder wichtigen Stadt der Maya. Die höchste Pyramide in Caracol, der »Palast des Himmels«, erhebt sich 42,5 Meter und ist die derzeit höchste Maya-Pyramide in Belize.

Belize City am Haulover Creek ist der einzige Ort in Belize, der den Namen »Stadt« verdient. Dort lebt ein Drittel der Gesamtbevölkerung, kreuzen sich die Verkehrswege, schlägt das wirtschaftliche Herz dieses Staates, aber Hauptstadt ist sie heute nicht mehr. Nachdem der Hurrikan Hattie 1961 ein Drittel von Belize City mit einer Flutwelle weggespült hatte, wurde mit der Planung einer neuen Hauptstadt im Landesinneren begonnen. Sie heißt Belmopán, liegt 90 Auto-Minuten von Belize City entfernt sturmgeschützt in den Bergen, und ist seit 1970 Regierungssitz.

Insel-Hauptstadt San Pedro

In Belize City findet man – trotz der Verwüstungen durch Wirbelstürme – noch immer einen beträchtlichen Teil der bunten alten Holzhäuser auf Pfählen, mit Freitreppen, Balkonen und Veranden. Südlich des Creeks, im ehemaligen Viertel der Holzbarone, sind die meisten erhalten geblieben. Hier präsentiert sich Belize City seinen Besuchern als liebenswerte, intakte karibische Kolonialstadt.

Im Grunde jedoch ist Belize City für anreisende Besucher nur Durchgangsstation. Die meisten eilen per Boot oder Kleinflugzeug zu den feinen weißen Korallensandstränden der Cayes, die anderen zu den Urwald-Lodges im Landesinneren, denn neben den Maya-Ruinen hat das Land noch zwei weitere Haupt-

Auf keiner der vorgelagerten Inseln ist man auf Badeurlauber und Taucher so gut vorbereitet wie auf Ambergris Caye. Um den Reiz dieser Karibik-Welt zu bewahren, wurde 1987 am südlichen Inselende ein Küstenabschnitt zum maritimen Schutzgebiet »Hol Chan Marine Reserve« erklärt.

Traumstrand auf der Korallensandinsel Ambergris Caye

attraktionen: den Dschungel und das Riff. 70 Prozent des Landes sind von Wald bedeckt, 40 Prozent der Staatsfläche stehen unter Naturschutz. Belize ist kaum industrialisiert und wenig bevölkert. In dieser nur 23 000 Quadratkilometer großen Welt leben 155 Säugetier-, 553 Vogel- und 100 Reptilienarten.
Vor Belizes Ostküste verläuft eines der längsten Korallenriffe der Welt. Im Schutze dieses 250 Kilometer langen

Boote im Hafen von Belize City

Riffs haben sich in den flachen Gewässern in Festlandnähe Hunderte von Inseln und Inselchen gebildet, von denen wiederum die meisten von kleineren Korallenbänken umgeben sind. Dieses Gebiet mit glasklarem Wasser und weißen Palmenstränden ist ein Paradies für Taucher. Dem sanften Lebensrhythmus dieser Inseln können sich viele nicht mehr entziehen, die einmal da gewesen sind, und so werden es immer mehr Besucher.

Karibik pur: Caye Caulker

Besonders beliebt sind Caye Caulker und Ambergris Caye. Caye Caulker, je nach PS-Zahl zwischen 40 Minuten und zwei Stunden Bootsfahrt von Belize City entfernt, ist eine Mangroven- und Palmeninsel, die der Hurrikan Hattie an ihrer schmalsten Stelle geteilt hat. Das touristische Leben konzentriert sich ausschließlich auf die südliche Inselhälfte – dafür dort aber um so heftiger.
Die etwa 300 Meter breite Insel ist mit feinem weißen Sand bedeckt. Er liegt als festgetretener Belag auf den schmalen Straßen, fingerdick liegt er auf dem Boden der Bars und Restaurants. Wenn man dort am Tisch sitzt, streckt man seine Füße hinein und läßt ihn beschaulich zwischen den Zehen hindurch rieseln;

Belize City: Mädchen in Schuluninform

Indígenas, Mestizen, Kreolen, Europäer, Araber, Ost-Inder, Chinesen und Mennoniten: Belize City, das wirtschaftliche und kulturelle Herz des Landes, ist ein karibischer Schmelztiegel, wie ihn der Literaturnobelpreisträger V. S. Naipaul in seinen Romanen beschreibt: Schwarz, laut, heiß, noch immer ein wenig britisch und als unbekümmertes, leichtlebiges Hafenstädtchen unter durchreisenden Gästen sehr beliebt. Deshalb kommen in letzter Zeit besonders gerne junge US-Amerikaner hierher, die sich den Traum eines sorglosen und preiswerten Karibik-Aufenthaltes erfüllen möchten.

Swing Bridge

Großreinemachen nach dem Fang

auf Caye Caulker trägt man nämlich keine Schuhe. Autos gibt es auch nicht auf Caye Caulker; nur ein paar alte Golfcarts. Dafür aber viele junge Leute.
Das Leben auf Caye Caulker spielt sich im Freien ab. Die Unterkünfte sind einfache Holzhäuser, in deren kleinen Zimmern außer Betten keine anderen Möbelstücke Platz haben. Die Nächte sind sowieso kurz. Zum Essen trifft man sich in einem der unter schattigen Bäumen improvisierten Straßenrestaurants, und wer nicht taucht oder schnorchelt, trifft sich zwischendurch zum Cuba Libre. »Go slow« ist die ansteckende Devise, die Reggae-Musik allgegenwärtig.
Zum Riff, das in Sichtweite vor der Ostküste liegt, geht es von einem der vielen

Das Old Courthouse entstand 1926

hölzernen Bootsstege, die vom Sandstrand über den steinigen flachen Inselrand hinaus ins Meer gelegt werden. Am Riff ist die (Unterwasser-)Welt noch in Ordnung. Hier sind die zerbrechlichen Korallen, See-Anemonen, Farne und Schwämme noch unbeschädigt, zahlreiche Fischarten schweben durch das warme kristallklare Wasser: Engelshaie mit ihrer neonblauen Krone, Bassen, quietschbunte Papageienfische, Muränen und Barrakudas, Fahnenfische, Stachelrochen, kreolische Lippfische mit ihren blauen Zähnchen, riesige Zackenbarsche und am Meeresboden Sandaale.

Belize City ist mit 80 000 Einwohnern die einzige »richtige« Stadt des Landes

Von Caye Caulker sind es rund 20 Kilometer bis zum nördlich gelegenen Ambergris Caye. Wem die Bootsfahrt zu lange dauert, fliegt von Belize City nach San Pedro, der Liliput-»Hauptstadt« dieser 40 Quadratkilometer großen Korallensandinsel, die nur durch einen flachen Kanal von der mexikanischen Halbinsel Yucatán getrennt wird. Ambergris Caye ist Karibik pur: Weiße Sandstrände mit hohen Palmen, durch deren dichte Kronen der sanfte tropische Wind weht, dazwischen verstreut gepflegte einstöckige Holzhäuser, warmes, klares Wasser voller Korallen und bunter Fische, in das man mühelos über jene langen Holzstege gelangt, an denen die Boote weiter draußen festmachen, um die Korallen nicht zu zerstören.

Ambergris Caye: die Insel der Taucher

Früher lebte die dunkelhäutige kreolische Bevölkerung auf Ambergris Caye vom Fisch- und Hummerfang, heute ist der Tourismus ihre wichtigste Einnahmequelle. Mehr als ein Dutzend Tauchstationen, alle professionell ausgestattet, bietet ihre Dienste für Tauchgänge entlang des nahen Barriere-Riffs an, und mehr als ein Dutzend kleiner Hotels der gehobenen Preisklasse sorgt dafür, daß es den Besuchern nach den Tauchgängen an nichts mangelt. Tropischer Luxus unter Palmen und doch eine Atmosphäre des noch Unberührten, diese einzigartige Mischung zeichnet Ambergris Caye aus. Robinson-Ausflüge zu unbewohnten Inseln, Schnorchelexpeditionen zu anderen Cayes, Barbecue-Trips zu entlegenen Stränden – oder einfach nur relaxen. »No shirts, no shoes, no problem«, kann man dort auf einem Schild lesen.

Ausflug in die Unterwasserwelt des Blue Hole

Man kann als Taucher Belize nicht verlassen, ohne wenigstens einmal das »Blue Hole« gesehen zu haben. Von Ambergris Caye bieten die Tauchschulen Ausflüge dorthin an, und in der Tauchwelt ist man sich einig: Es gehört zu den erstaunlichsten Tauchplätzen der Welt, dieses »Blaue Loch« in der Mitte des Lighthouse Reef. Entstanden ist es vor 10 000 Jahren aus einer Höhle auf dem Trockenland.
Seiner Faszination wird man am eindrucksvollsten aus der Luft gewahr: Eine vollkommen kreisrunde dunkelblaue Vertiefung von rund 330 Metern Durchmesser inmitten eines relativ flachen, hellen Korallenriffs.
Seine tiefste Stelle mißt 145 Meter, aber schon sehr viel weiter oben beginnt eine faszinierende, ein wenig gespenstische Welt, in die sich außer einigen Weißen Haien kein Fisch mehr traut: Aus den Wänden wachsen gigantische Stalaktiten und formen bizarre Kalkkathedralen. Stalagmiten strecken sich drohend von unten her entgegen – dieser Tauchgang hat bisher noch niemanden unbeeindruckt gelassen.

Belize City: St. John's Cathedral von 1812 ist die älteste anglikanische Kirche in Mittelamerika

Governor's House von 1814

Kopfbedeckung aus der Kolonialzeit

Belize City

Karte: Seite 112/113, Planquadrat D 6.
Anreise: Belize City wird direkt aus Miami (»American Airlines«), aus Houston (»Continental«), aus New York und New Orleans (»Taca«) sowie aus Cancún und Guatemala-Stadt (»Aviateca«) angeflogen: Der Philip S. W. Goldson International Airport liegt 15 km nordwestlich von Belize City. Die nationalen Fluggesellschaften »Maya Airways«, »Island Air«, »Sky Bird« und »Tropic Airways« fliegen regelmäßig zu den Cayes.
Belize ist mit dem Bus von Chetumal (Mexiko) und von Flores (Guatemala) aus zu erreichen. Von Puerto Barrios in Guatemala fährt zweimal in der Woche (Di und Fr) ein Fährschiff nach Punta Gorda im Süden des Landes (Auskunft in Belize: »Indita Maya«, Tel. 07-2 20 65); von hier fahren Busse nach Belize City.
Unterkunft: »Chateau Caribbean«, karibische Atmosphäre im Kolonialstil direkt am Hafen (6 Marine Parade, Tel. 23 08 00, Fax 23 09 00; 25 Zi., DZ ab 50 US-$); »Radisson Fort George«, Belizes Hotel-Flaggschiff mit 50jähriger Tradition, stilvolles Kolonialgebäude auf einer Landzunge am Meer (Marine Parade 2, Tel. 23 33 33, Fax 27 38 20; 110 Zi., DZ ab 100 US-$); »Mopan«, koloniales Hotel in der ältesten Straße des historischen Stadtkerns (55 Regent Street, Tel. 27 73 51, Fax 27 53 83; 12 Zi., DZ ab 26 US-$); »Las Palmeras«, zentral gelegen (39 George-, Ecke Bishop Street, Tel. 27 33 45, Fax 27 68 15; 15 Zi., DZ ab 10 US-$).
Sehenswürdigkeiten: Ein britisches Erbe ist St. John's Cathedral (südliches Ende der Albert St., Ecke Regent St.), 1812 aus jenen Ziegelsteinen errichtet, die die Schiffe als Ballast aus Europa mitbrachten, bevor sie mit Edelhölzern beladen zurückfuhren. St. John's ist die älteste anglikanische Kirche in Mittelamerika. Hinter St. John's Cathedral steht das Government House, ein schönes Kolonialgebäude (1814), das einst als Residenz des britischen Gouverneurs, später als Gästehaus der Regierung diente (Regent St., Ecke Southern Foreshore).
Wen Friedhöfe interessieren: Ein sehr alter Friedhof ist Yarborough Cemetery (südliches Ende der Albert St., unweit von St. John's Cathedral), der bis 1870 als öffentlicher Friedhof diente; viele schöne alte Gräber, manche stark beschädigt. Auf dem heutigen Stadtfriedhof Lord Ridge Cemetery (Beginn des Western Highway) spiegeln die unterschiedlichen Grabstätten und Grabgestaltungen die Bevölkerungsvielfalt wider.
Alte Holzhäuser aus dem 18. und 19. Jahrhundert findet man in Küstennähe (Southern Foreshore, Yarborough Lane, Fort Street und Barrack Road). Der charmanteste Teil der Stadt befindet sich südlich der Swing Bridge (Sa Markttag).
Verkehrsmittel: Für Reisen auf dem Festland sind private Busunternehmen zuständig, die die wichtigsten Städte im Norden und Westen regelmäßig, im Süden weniger häufig anfahren (Fahrpläne sind zu erfragen bei: »Batty Brothers Bus Service«, 15 Mosul St., Tel. 02-7 20 25; »Venus Bus Service«, Magazine Road, Tel. 02-7 33 54). Fähren: Zwischen Belize City und Ambergris Caye (Abfahrt an der Shell-Tankstelle North Front Street, Mo–Sa 8, 9 und 16 Uhr, Tel. 02-7 49 88) bzw. nach Caye Caulker (Fahrten nach Bedarf, ebenfalls an der Shell-Tankstelle, North Front Street, bei der Swing Bridge). Inlandflüge zu den Cayes (Ambergris und Caulker) und zu den Städten Corozal, Dangriga und Punta Gorda bieten an: »Tropic Air« (Tel. 026-20 12, Fax 026-23 38), »Island Air« (Municipal Airport, Tel. 02-3 11 40), »Sky Bird Air« (Municipal Airport, Tel. 02-3 37 44) und »Maya Airways« (6 Fort St., Tel. 02-7 23 12, Fax 02-3 00 31). Mehr als ein Dutzend Leihwagenfirmen bieten ihre Dienste in Belize City an, darunter »Smith & Sons Rental« (12 Banak St., Tel. 02-7 37 79, Fax 02-7 51 99).
Ausgehen: Im »Hard Rock Café« (Queen St./Ecke Habdyside, Tel. 02-3 24 01) oder in der »Big Apple Disco« (67 North Front St., Tel. 02-4 47 58) treffen sich die europäischen Rucksackreisenden und junge Belizer. Von »Lindbergh's Landing«, einer Bar, hat man abends einen schönen Blick auf die Küste. Live-Musik gibt es bei »Santino's Messengers« (New Road/Ecke Hyde's Lande, Tel. 02-4 54 49).
Heiraten: Immer mehr Paare schließen in der Karibik den Bund für's Leben. In Belize benötigt ein Paar nur die Geburtsurkunden und die Pässe, dann kann es nach 14 Tagen Aufenthalt die standesamtliche Trauung unter Palmen vollziehen lassen. Das Aufgebot (Registry) muß nur 24 Stunden vor der Trauung am Standesamt von Belize City aushängen. Die Ausstellung der Heiratsurkunde kostet ganze 5 US-$.
Ausflüge: 45 km westlich von Belize City liegt der Belizer Zoo mit rund 100 Tierarten (Tel. 92-33 10; tgl. 9.30–16 Uhr). Die Hauptstadt Belmopán lohnt keinen Besuch. Interessanter ist da schon die freundliche Garífuna-Stadt Dangriga im Süden (zu erreichen mit dem Bus, meist via Belmopán). Am 19. November feiern die Garífunas ein großes Fest mit Tänzen, Musik und guter Küche.
Information: Belize Tourist Board, 83 North Front St., Tel. 27 72 13, Fax 27 74 90.

Maske des Regengottes Chac in Lamanai

San Ignacio

Karte: Seite 112/113, Planquadrat D 5.
Anreise: San Ignacio ist die letzte größere Stadt vor der guatemaltekischen Grenze. Von Belize City mit dem Bus auf dem Western Highway (»Noielo's Bus Service«, 119 George St., Benque Viejo del Carmen, Tel. 02-7 73 72) bzw. aus Flores (Guatemala).
Unterkunft: Im Grenzort San Ignacio liegen die schönsten Hotels etwas außerhalb: »Chaa Creek Lodge«, mitten in der Wildnis der Mountain Ridge am Fluß Macal (Tel. 92 20 37, Fax 9 22 59 01; 16 Zi., DZ ab 100 US-$); »San Ignacio Hotel«, herrlicher Blick in grüne Natur von einem Hügel am Rand der Stadt (Buena Vista St. 18, Tel. 92 20 34, Fax 92 21 34; 24 Zi., DZ ab 30 US-$).
Ausflug: Der im schönen Macal-River-Tal gelegene Ort ist ein idealer Ausgangspunkt zur Erkundung der umgebenden Bergwelt und einiger Maya-Ruinen (s. u.).

Ambergris Caye

Karte: Seite 112/113, Planquadrat C/D 6.
Anreise: Von Belize City zum 60 km nordöstlich gelegenen Ambergris Caye reist man per Fähre (Mo–Fr 16 Uhr,

Sa 13 Uhr ab Belize City) oder per Flugzeug (vgl. Verkehrsmittel Belize City; Privat-Charter-Service: »Caribe Air«, Municipal Airport, Tel. 02-4 42 53).
Unterkunft: Auf der größten der vorgelagerten Inseln gibt es rund 30 Hotels, darunter »Victoria House Resort«, strohgedeckte Bungalows und ein wunderschöner Palmenstrand (San Pedro, Tel. 26 20 67, Fax 26 24 29; 29 Zi., DZ ab 75 US-$); »Caribbean Villas«, gepflegte Anlage für Selbstversorger (San Pedro, Tel. 26 27 15, Fax 26 28 85; 10 Zi., DZ ab 85 US-$); »Royal Palm Inn«, großzügige Villenanlage (San Pedro, Tel. 26 21 48, Fax 26 23 29; 20 Zi. in 7 Villen, DZ ab 50 US-$); »Paradise Resort Hotel«, für »Öko-Touristen« (San Pedro, Tel. 26 20 83, Fax 26 22 32; 24 Zi., DZ ab 35 US-$).
Verkehrsmittel: Abfahrt der Fähre in San Pedro am Texaco-Dock (Auskunft: Tel. 26 25 78). Mehrere Bootscharter bieten Fahrten nach Belize City an: »Offshore Express« im »Coral Beach Hotel« (Tel. 26 20 01, Fax 26 28 64), »Hustler's Tours«, Beach Front (Tel. 26 25 38, Fax 26 26 93). Auf Ambergris Caye gibt es keine öffentlichen Verkehrsmittel. San Pedro Taxi Service, Coconut Drive (Tel. 26 29 58).
Tauchschulen: Die Hotels auf Ambergris Caye unterhalten entweder eigene oder arbeiten direkt mit örtlichen Tauchschulen zusammen. Von diesen sind empfehlenswert: »San Pedro Dive« (Tel. 26 29 82, Fax 26 29 81), »Tortuga Dive Center« (Tel. 26 20 18, Fax 26 24 29), »Danny's Diver« (Tel. 26 24 37, Fax 26 28 07).

Turneffe Islands vor Belize City

Caye Caulker

Karte: Seite 112/113, Planquadrat D 6.
Anreise: Per Boot von Belize City (Abfahrt nach Bedarf an der Tankstelle North Front St.); Fahrzeit ca. 45 Min.
Unterkunft: Die zweigeteilte, etwa 300 m breite Insel verfügt über mehr als 20 kleine Hotels und Familienpensionen. Das größte Hotel ist »Martinez Caribbean Inn« (Tel. 22 21 13, 24 Zi., DZ ab 18 US-$), das traditionsreichste »Vega's Far Inn«, an der Ostküste direkt an der Brücke, (Tel. 22 21 42; 10 Zi., DZ 15 US-$); »Lena's Hotel« liegt am Strand (Tel. 22 21 06; 16 Zi., DZ ab 12 US-$); »M & N Apartment Hotel«, an der Dorfstraße (Tel. 22 21 11, 6 Zi., DZ ab 12 US-$).
Verkehrsmittel: Mehrere Bootscharter bieten Fahrten nach Belize City (und zurück) an: »Blue Wave Island Transport« (Tel. 22 21 14), »Chocolate's« (Tel. 22 21 51) und »Pegasus Boating Service« (Tel. 23 11 38).
Tauchschulen: »Frenchie's Diving« (Tel. 22 22 34), Belize Diving Service (Tel. 22 22 17).

Stege erleichtern das Baden auf Caye Caulker

Maya-Stätten

In Belize gibt es zahlreiche Maya-Stätten, die jedoch kaum oder nur unzureichend freigelegt und restauriert wurden.
Die wichtigsten sind: ***Xunantunich*** (Karte: Seite 112/113, Planquadrat D 5): Zu erreichen ist das Zeremonienzentrum mit einer Fähre von San José Soccoths nahe San Ignacio (tgl. 8–17 Uhr). Das wichtigste Bauwerk ist »El Castillo«, eine 40 m hohe Pyramide am Südende der Hauptanlage, von der sich eine hervorragende Aussicht bietet.
Ebenfalls bei San Ignacio liegt ***Caracol*** (Karte: Seite 112/113, Planquadrat D 5), das inzwischen gut mit einem Fremdenführer erreichbar ist. Dort steht der 42,5 m hohe »Palast des Himmels«, das höchste Gebäude von Belize. ***El Pilar*** (von San Ignacio mit Fremdenführer erreichbar) ist mit 15 oder mehr Plazas die größte Maya-Stätte des Landes. Die Restaurierungs- und Ausgrabungsarbeiten haben erst vor kurzem begonnen.
Nordwestlich von Belize City liegen ***Altun Ha*** und ***Lamanai.*** In Altun Ha (Karte: Seite 112/113, Planquadrat D 5), zu erreichen über den Northern Highway, 45 km nördlich von Belize City, sind die Ausgrabungen am weitesten fortgeschritten (tgl. 9–17 Uhr). Das Zentrum der einmal von 10 000 Menschen bewohnten Stadt umfaßt zwei aneinandergrenzende Plätze. Lamanai (Karte: Seite 112/113, Planquadrat D 5) ist nur schwer zu erreichen (z. B. mit Geländewagen von San Felipe oder mit dem Motorboot den New River von Orange Walk). Die Ruinen der bedeutenden Zeremonienstätte wurden bisher noch nicht freigelegt, nur einige Pfade existieren.
Information: Belize Department of Archaeology, Belmopán, Tel. 08-2 21 06.

Fasziniert von Zeit und Zahlen

Maya

Die Maya entwickelten ihre Kultur in zwei geographisch sehr unterschiedlichen Großlandschaften: Im Hochland von Guatemala und den angrenzenden Hochlandregionen von Honduras und El Salvador sowie im Tiefland des Petén und der mexikanischen Halbinsel Yucatán. Ihre gemeinsame Lebensgrundlage war der Maisanbau, für dessen Felder sie ein ausgeklügeltes System der Brandrodung entwickelten. Gerodet wurde immer zu Beginn der Trockenzeit, dann blieb die abgeholzte Vegetation zum Trocknen liegen. Am Ende der Trockenperiode wurde sie auf den neugewonnenen Ackerflächen verbrannt, die Asche diente als Dünger, und zu Beginn der Regenzeit wurde die Saat ausgestreut. Die Maya kannten keinen Pflug, sondern benutzten einen Grabstock, mit dem sie in regelmäßigen Abständen Löcher in den Acker bohrten, Maiskörner hineinlegten und die Löcher mit den Füßen zuscharrten.

Eine genaue Bestimmung des Eintritts der Trocken- und Regenzeiten war wichtig, weil davon der jeweils optimale Zeitpunkt für Rodung und Einsaat abhingen. Forscher sehen darin den wichtigsten Grund für die intensive Beschäftigung der Maya mit Mathematik und Astronomie. Nur weil sie den Zeitaufwand für die Beschaffung ihres Lebensunterhalts genau bestimmen und damit auch sehr effektiv gestalten konnten, blieb Zeit für den arbeitsaufwendigen Bau ihrer Tempel. Denn Sklaven – wie sie Ägypter oder Römer einsetzten und ohne deren Ausbeutung die großartigen Bauwerke im antiken Mittelmeerraum nicht hätten zustande kommen können – waren in den Stadtstaaten der Maya unbekannt.

Die Beobachtung der Gestirne und die daraus resultierenden, verblüffend genauen Kalenderberechnungen der Maya faszinieren alle Forscher. Einer der bedeutendsten unter ihnen, der amerikanische Archäologe Sylvanus G. Morley (1883–1948), nannte den Maya-Kalender und das Maya-Zahlensystem »eine der bis zum heutigen Tage brillantesten Geistesschöpfungen der Menschheit«. Erst nach der Einführung des »Gregorianischen Kalenders« im Jahr 1582 konnte man in Europa so genau mit der Zeit umgehen wie die Maya bereits tausend Jahre zuvor.

Altar V in Tikal: Den Lauf der Zeit haben die Maya auf ihren Stelen und Altären festgehalten

Die Präzision ihres Kalenders ist um so bewundernswerter, als den Maya das Glas und infolgedessen optische Geräte zur genauen Beobachtung der Sterne unbekannt waren. Zudem besaßen sie keine Sand- oder Sonnenuhren, um kleinere Zeiteinheiten als Tage zu messen, was die präzise Errechnung astronomischer Daten äußerst schwierig machte.

Wie man aus Abbildungen in den wenigen erhaltenen Kodizes weiß, wurden die nächtlichen Untersuchungen mit einem Rohr vorgenommen, das auf zwei gekreuzten Hölzern ruhte. Ihre astronomischen Erfolge verdankten die Maya der Beständigkeit ihrer Arbeit und der Genauigkeit ihrer Aufzeichnungen. Im »Codex Dresden« sind auf Seite 51 bis 58 insgesamt 405 Lunationen dokumentiert, die nur durch regelmäßige Aufzeichnungen von Beobachtungen während 33 Jahren möglich waren. Es besteht kein Zweifel darüber, daß es diverse Dokumente gab, in denen jahrhundertelang der Lauf der Gestirne aufgezeichnet worden war, die aber seit der spanischen Conquista nicht mehr existieren. Auf der Basis dieser langjährigen »Sternen-Experimente« und Aufzeichnungen errechneten die Maya Mittelwerte und nahmen Korrekturen an den Kalendern vor, die letztendlich zu deren außergewöhnlicher Genauigkeit führten.

Dem Kalendersystem der Maya lag die Annahme periodisch wiederkehrender

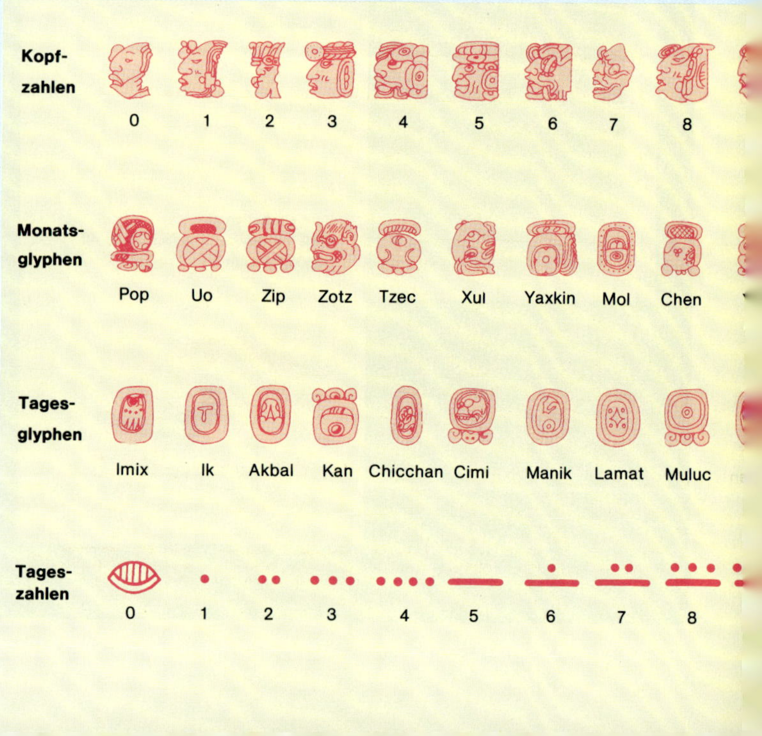

Zyklen zugrunde, und sie zählten jeweils die verflossene Zeit bis zum Beginn des neuen Zyklus. Aber es gab für die verschiedenen Zwecke unterschiedliche Kalenderzyklen. Für die »Geschichtsschreibung« benutzen sie die »Lange Zählung«. Sie zählte in den Einheiten: Tage (Kin), Monate à 20 Tage (Uinal), Jahre mit 360 Tagen (Tun), Zeiträume von 20 Tun (Katun) und Perioden von 400 Tun (Baktun). Nach dieser »langen Zählung« wurden am Ende jedes Katun (d. h. alle 20 Jahre) Stelen errichtet, auf denen die seit der Erschaffung der Welt vergangene Zeit eingraviert wurde; in Quirigua verkürzte sich ab dem 8. Jahrhundert der Abstand der Geschichtsstelen auf fünf Jahre. Doch ab wann zählten die Maya die Zeit, wann wurde ihren Berechnungen nach das Universum geschaffen? Der Beginn der mythischen Zeitberechnung der Maya, so hat der britische Archäologe Eric J. Thompson (1898–1976) ermittelt, liegt nach heutiger Zeitrechnung im Jahr 3113 v. Chr.

Die beiden anderen Kalenderzyklen, der Tzolkin für die Terminierung religiöser Rituale und Feste, und der Haab für die Berechnung des Sonnenjahres, muß man sich als zwei Zählreihen vorstellen, die wie zwei Zahnräder ineinandergreifen. Nach dem Tzolkin hatte das Jahr nur 13 Monate à 20 Tage, nach dem Haab 365 Tage (18 Monate à 20 Tage plus fünf sogenannte Unglückstage). Jeder Tag und jeder Monat hatte in diesen beiden Zählweisen ein symbolisches Bilderzeichen, eine Glyphe (siehe Schaubild: Tages- und Monatsglyphen). Alle 18980 Tage, d.h. alle 52 Jahre, beginnen die Kalender-»Räder« am gleichen Punkt, d. h. an diesem Datum trägt der Tag der Haab-Zählung den gleichen Namen und die gleiche Zahl wie der der Tzolkin-Zählung. Diese »Jahresknoten« waren aus der Sicht

Windgott an der Akropolis von Copán: Die Götter trugen die Last der Zeit

der Maya ganz besondere Daten und Anlässe für mögliche Krisen. Deshalb wurden zu Beginn einer neuen 52-Jahre-Periode meist neue Tempel errichtet, alte Pyramiden überbaut und große Rituale abgehalten.

Die astronomischen und kalendarischen Berechnungen setzten Kenntnis und Umgang mit Zahlen voraus. Auch hier »erfanden« die Maya ein schlüssiges System: Ein Punkt für 1, ein Balken für 5 und eine Muschel für 0 (siehe Schaubild: Tageszahlen). Mit der Verwendung der Null in der Mathematik waren die Maya den Europäern ebenfalls um Jahrhunderte voraus. Sie wurde in der Alten Welt erst um 800 von den Arabern eingeführt. Die Maya rechneten auf der Grundlage des Vigesimalsystems, das nicht wie das Dezimalsystem auf der Zehn, sondern auf der Zwanzig basierte. Auch nahm bei den Maya die Wertigkeit einer Zahl nicht mit ihrer Stelle von rechts nach links zu, sondern die Maya kombinierten die drei Zeichen von unten nach oben und veränderten deren Wertigkeit mit der Höhe der Linie, auf der das Zeichen steht: Auf der Grundlinie der Wert eins, auf der zweiten Linie der Wert 20, auf der dritten der Wert 400.

Man kann sich die Zahlenwelt der Maya an einem Beispiel leicht verdeutlichen: Hätten sie in ihrem Vigesimalsystem die Jahreszahl 1996 schreiben wollen, so sähe das so aus: Auf der ersten Linie setzten sie drei Balken übereinander und einen Punkt: Das entspricht dem Wert 16; auf die zweite Linie setzten sie drei Balken mit vier Punkten: Das entspricht dem Wert 380 (19 mal 20); auf die dritte Linie, die den Stellenwert 400 hat, setzten sie jetzt vier Punkte: Das entspricht der Zahl 1600; addiert man die Werte der drei Linien (16+380+1600), ergibt das die Zahl 1996.

Wer das Rechnen mit Maya-Zahlen im Alltag üben möchte, dem bietet sich in Guatemala täglich Gelegenheit dazu: Der Wert der Quetzales-Geldscheine wird nämlich stets doppelt angegeben: Links in arabischen Zahlen und rechts in Maya-Zahlen.

Trotz ihrer hohen naturwissenschaftlichen Erkenntnisse verbanden die Maya die Zahlen und den Begriff Zeit mit vielen mythischen Vorstellungen. Nicht nur die Menschen, auch die Götter unterlagen den Zahlen und den kosmischen Gesetzen der Vergangenheit; die Glyphen-Zeichen für die Kalender-Zahlen 1–19 (siehe Schaubild: Kopfzahlen) tragen die Kopfprofile von Göttern, die Zeit wurde als »Last« von Anbeginn bis Ende von den Göttern getragen.

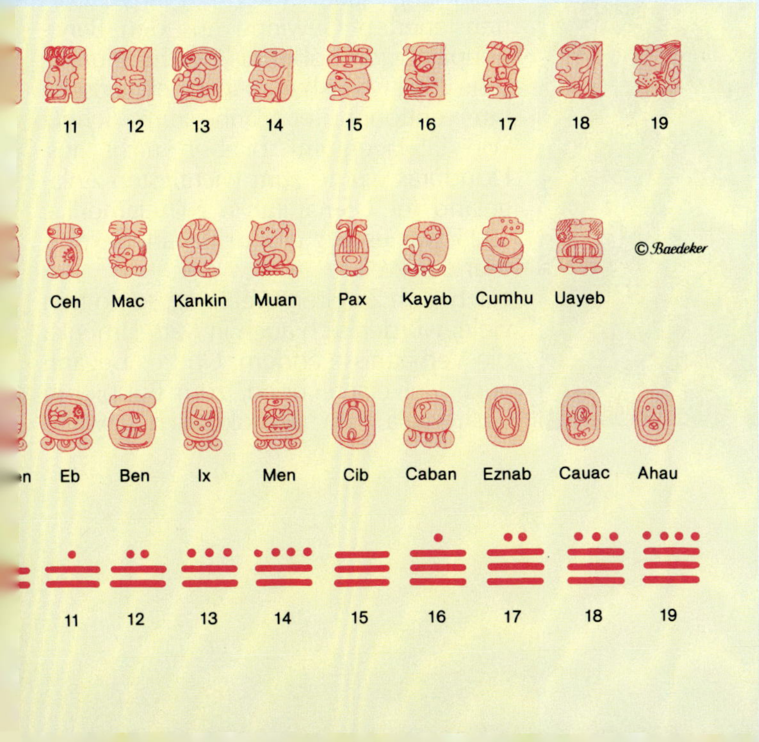

Im Bann der krummen Frucht

Bananen

Wohlschmeckend, nahrhaft, vielseitig, bekömmlich, gesund und das ganze Jahr über erhältlich. Mit diesen unschätzbaren Vorzügen einer Frucht läßt sich Geld verdienen – und das seit über hundert Jahren. »Bananenbäume sind wie Geldbäume«, sagte deshalb 1970 Alfred Eames Jr., der Präsident von Del Monte, »ich wünschte, wir hätten mehr davon.« Dabei hat er doch schon so viele von diesen »Geldbäumen«, denn drei Konzerne kontrollieren heute 70 Prozent des Weltmarktes; Del Monte gehört dazu.

Angefangen hat es, als Kapitän Lorenzo Don Baker aus Massachusetts im Jahr 1870 nicht genug Ladung von Jamaika nach New York bekommen hatte und deshalb den Stauraum mit Bananen auffüllte. Die verkaufte er mit einem solchen Gewinn, daß er von nun an den Bananenanteil an seiner Fracht vergrößerte und schließlich mit dem Hafeninspektor von Boston, Andrew Preston, einen schwunghaften Bananenhandel organisierte. Dazu kam Minor C. Keith, ein Eisenbahningenieur aus reichem Hause, der in Costa Rica 1884 eine Eisenbahnlinie vom Küstenort Puerto Limas zur Hauptstadt San José baute und sich als Gegenleistung 300 000 Hektar Land für Bananenplantagen sicherte. Am 30. März 1899 gründeten diese drei die United Fruit Company (UFCO), eine Firma, die alle Phasen des Bananengeschäftes vom Anbau über den Transport bis hin zur Vermarktung vereinte.

Von nun an sollte das Schicksal weiter Teile Mittelamerikas mit dem der Banane und dem der United Fruit Company verbunden sein. Geleitet von der Hoffnung auf eine Entwicklung ihrer Volkswirtschaft und infrastruktureller Verbesserungen durch den Eisenbahnbau vergaben die Präsidenten der mittelamerikanischen Länder großzügig Konzessionen an ausländische Investoren. In Guatemala schloß 1906 Präsident Manuel Estrada (1898–1920) mit der UFCO einen Vertrag, der ihr 70 000 Hektar fruchtbares Land überschrieb und als Gegenleistung den Bau einer Eisenbahnstrecke zum Atlantik nach Puerto Barrios forderte.

Die Bananen erbrachten solche Gewinne, daß sich die United Fruit bald zum Staat im Staate in Guatemala entwickelte, weil sie über wesentliche Schlüsselpositionen verfügte: Sie war der größte Grundbesitzer, besaß die Eisenbahn, das Telefon, den Telegraphen, die Atlantikhäfen, die Schiffe und genügend Geld, um sich Militärs und Politiker zu kaufen. 1931 gewährte Präsident Ubico (1931 bis 1944) dem Bananenmulti 25 Jahre lang Zoll- und Steuerfreiheit. Zur Sicherstellung ausreichender Arbeitskräfte auf den Plantagen erließ Ubico 1934 Gesetze gegen die »Landstreicherei«. Als Landstreicher galten fortan Bauern, die sich nicht zur Arbeit auf Latifundien verpflichtet hatten und weniger als drei Hektar Land besaßen. 1936 unterzeichnete Ubico sogar einen Vertrag, der United Fruit alles benötigte Land gratis garantierte.

Reifende Bananenstaude mit Blüte

Bananen werden in riesigen Monokulturen angebaut

Im benachbarten Honduras geschah ähnliches. Bereits 1918 teilten sich die drei großen US-Bananenkonzerne United Fruit Company, Cuyamel Fruit Company und Standard Fruit die gesamte Atlantikküste. Präsident Banilla (1910–13) und sein Nachfolger Bertrand (1913–19) übereigneten ihnen immer wieder große Ländereien: Für jedes gebaute Stück Bahnstrecke erhielten die Bananenmultis einen Anteil Land.

Über lange Jahre waren die in die USA transferierten Gewinne aus den Bananenplantagen höher als der honduranische Staatshaushalt. Auch militärische Interventionen der Marine zum »Schutz von US-Eigentum« blieben nicht aus. Honduras wurde zum wichtigsten Anlageland für US-Kapital in Mittelamerika. 1925 war es der größte Bananenexporteur der Welt.

Nach dem Zweiten Weltkrieg, so hofften viele, würden sich auch in Mittelamerika die Verhältnisse ändern. Und es begann auch vielversprechend, zum Beispiel in Guatemala. Die demokratisch gewähl-

ten, sozial orientierten Präsidenten Juan José Arévalo (1945–1951) und Arbenz Guzmann (1951–1954) verstaatlichten den seit Jahrzehnten brachliegenden Landbesitz und verteilten so etwa 750 000 Hektar Land an 140 000 neue Bauern. Doch die United Fruit agitierte gegen die Nationalisierung, ohne die eine Landreform in Guatemala aber nicht möglich war.
Am 18. Juni 1954 marschierte eine vom amerikanischen Geheimdienst CIA und United Fruit aufgebaute Invasionsstreitmacht in Guatemala ein – 1956 erhielt der Bananenkonzern schließlich alles enteignete Land zurück.
Die soziale Situation der Landarbeiter auf den Bananenplantagen wird in der Trilogie des guatemaltekischen Literatur-

Mit Insektiziden besprüht, in Plastik verpackt – fertig für den Abtransport nach Europa

Reinigungs-Tauchbad

nobelpreisträgers von 1967, Miguel Angel Asturias, behandelt. Er beschreibt in den drei Bänden seiner »Bananentrilogie« (»Sturm«, »Der grüne Papst« und »Die Augen der Begrabenen«) die Ausplünderung der Menschen und der Länder.
Bananen sind die tropischen Früchte, die in kürzester Zeit große Gewinne bringen, weil sie sich das ganze Jahr über ernten lassen. Dabei bildet die zwei bis acht Meter hohe Bananenstaude nur einmal im Leben einen Blütenstand. Aus jeder Reihe der rotvioletten Blüten entwickelt sich eine »Hand« mit jeweils 10 bis 20 »Fingern«, den einzelnen Bananen. Nach dem Abernten der großen Bananenbüschel wird die ganze Staude abgeschlagen. Aus den Schößlingen an der Basis wachsen schließlich neue Stauden. Die Früchte werden unreif geerntet und sind auch nach der rund zwölftägigen Atlantik-Reise in Kühlschiffen noch nicht genießbar. Erst in den Bananenreifereien, in denen die Früchte bei Temperaturen zwischen 14,5 und 18 Grad etwa vier Tage lagern, werden sie langsam gelb und süß.
United Fruit gibt es heute nicht mehr, weil das Unternehmen 1971 mit Del Monte zur United Brands fusionierte. Über seine Tochter Chiquita wickelt der Lebensmittelkonzern das Bananengeschäft ab. Inzwischen hat sich United Brands auch aus dem Anbau zurückgezogen. Viele Plantagen gehören nun einheimischen Unternehmen, denen Chiquita die Ernte abkauft. Aber unabhängig sind die Bauern Mittelamerikas trotzdem nicht geworden, denn United Brands sicherte sich die Vermarktung und besitzt durch seine Transportkapazitäten einen nicht einzuholenden Vorsprung zu den Märkten in den USA und Europa. Von den nahezu vier Millionen Tonnen Bananen, die jährlich auf dem »Alten Kontinent« angelandet werden, trägt fast jede zweite das Chiquita-Emblem.
An der sozialen Situation der Bananenarbeiter in Zentralamerika hat sich durch die neue Arbeitsteilung wenig geändert. Eigene, kooperative Absatzmöglichkeiten – wie etwa bei Kaffee oder Tee über alternative Dritte-Welt-Läden – gibt es bisher kaum. Zudem hat sich die Europäische Union entschlossen, den Absatz der »Euro-Bananen« aus den ehemaligen Kolonien der EU-Länder Frankreich und Großbritannien in Afrika und der Karibik zu fördern. Deshalb werden die Importe der »Dollar-Bananen« aus Lateinamerika mit Einfuhrquoten und Zollaufschlägen begrenzt.
»Dollar-Bananen« sind auf dem Weltmarkt wesentlich preiswerter als die überwiegend von Kleinpflanzern angebauten »Euro-Bananen«, weil beispielsweise für die Bananenarbeiter auf Martinique und Guadeloupe heute die gleichen Arbeitsrechte gelten wie im weit entfernten französischen Mutterland.
Derzeit klagen die lateinamerikanischen Erzeugerländer und die USA vor dem Allgemeinen Zoll- und Handelsabkommen (Gatt) gegen die EU-Quotenregelung. Die Bundesrepublik, die mit etwa 17 Kilo jährlichem Pro-Kopf-Verbrauch Rekordmeister im Bananenessen ist, wartet gespannt auf den Ausgang dieses Prozesses.

Die besten Bananen gehen in den Export – die »zweite Wahl« bleibt für den einheimischen Markt

Allgemeine Reise-Informationen

Adressen

Belize: Das Land unterhält keine Botschaft in der Bundesrepublik. Zuständig ist das Honorarkonsulat, Lindenstraße 46, 74321 Bietigheim-Bissingen, Tel. 0 71 42 / 39 24, Fax 3 32 25 oder Belize High Commission United Kingdom, 22 Harcourt House, 19 Cavendish Square, London, W1M9AD, Tel. 00 44/171/ 4 99 97 28, Fax 4 91 41 39 (Visa für Nicht-EU-Bürger). Deutschland betreibt in Belize ein Honorarkonsulat, Belize City, 123 Albert St., Tel. 0 05 01/2/3 59 40, Fax 3 54 13. Touristische Informationen sind beim Belize Tourist Board zu haben (Bopserwaldstraße 40 G, 70148 Stuttgart, Tel. und Fax 07 11/23 39 47). In Belize: Belize Tourist Board (83 North Front St., Belize City, Tel. 0 05 01/2/7 72 13, Fax 7 74 90).

El Salvador: Botschaft von El Salvador, Adenauerallee 238, 53113 Bonn, Tel. 02 28/54 99 13, Fax 54 98 18 (gegen Rückporto Prospektmaterial). Botschaft der Bundesrepublik Deutschland (Embajada de la Republica Federal de Alemania), 77 Ave. Norte/7 Calle Poniente Nr. 3972, San Salvador Col. Escalon, Telefon 0 05 03/2 23 61 40, Fax 2 98 33 68. In Deutschland betreibt das Land kein Tourismus-Büro; in El Salvador: Instituto Salvadoreño de Turismo (Calle Rubén Dario 619, San Salvador, Tel. 0 05 03/22 80 00, Fax 22 12 08).

Guatemala: Botschaft von Guatemala, Zietenstraße 10, 53173 Bonn, Tel. 02 28/ 35 15 79, Fax 35 49 70 (Prospektmaterial gegen Rückporto, u. a. eine brauchbare Landkarte mit Stadtplänen). Botschaft der Bundesrepublik Deutschland, 20. Calle 6-20, Ed. Plaza Maritima, Zona 10, Guatemala City, Tel. 0 05 02/2/37 00 28, Fax 37 00 31. Auch Guatemala muß in Deutschland ohne Fremdenverkehrsbüro auskommen. Im Land selbst ist das

Fähre nach Xunantunich

Instituto Guatemalteco de Turismo (INGUAT) zuständig (7a. Avenida 1-7, Zona 4, Centro Civico, 01004 Guatemala-Ciudad, Tel. 0 05 02/2/31 13 33, Fax 31 88 93).

Honduras: Botschaft von Honduras, Ubierstraße 1, 53173 Bonn, Tel. 02 28/ 35 63 94, Fax 35 19 81 (Prospektmaterial gegen Rückporto). Botschaft der Bundesrepublik Deutschland, Blvd. Morazán, Ed. Paisén, Tegucigalpa, Col. Palmira. Tel. 0 05 04/32 31 61-2.

In Honduras können sich Touristen an das Instituto Hondureño de Turismo, Centro Guanacaste, Bario Guanacaste, Tegucigalpa, Tel. 0 05 04/22 66 18, Fax 53 35 76 wenden. In Deutschland gibt es kein Informationsbüro.

Anreise

Jede Hauptstadt der vier Länder verfügt über einen internationalen Flughafen, aber aus Europa wird nur Guatemala direkt angeflogen; die anderen erreicht man mit Anschlußflügen in den USA, bevorzugt über Miami. Die Tarife sind von der Jahreszeit abhängig: Von Oktober bis April ist es preiswerter. Da der mexikanische Badeort Cancun von Deutschland aus auch von mehreren Charterfluggesellschaften (z. B. LTU, Condor) angeflogen wird, könnte eine Rundreise in Cancun, das etwa 250 km nördlich von Belize liegt, beginnen und enden.

Drei der vier Länder unterhalten eigene nationale Fluggesellschaften (El Salvador: Taca, Guatemala: Aviateca, Honduras: Sahsa), die täglich Flugverbindungen zwischen den Hauptstädten bieten.

Reisen mit Bussen und Fähren zwischen den Ländern: *Guatemala–Belize:* Busverbindung zwischen Flores (im Petén) und Belmopan und Belize City dreimal täglich. Schiffsverkehr zwischen Puerto Barrios und Punta Gorda zweimal wöchentlich (Di und Fr, Abfahrt 7.30 Uhr in Punta Barrios und 14.30 Uhr in Punta Gorda).

Guatemala–Honduras: Landübergang nach Copán per Bus von Guatemala-Stadt Richtung Puerto Barrios (CA-9), in Rio Hondo umsteigen Richtung Chiquimula (CA-10), von dort fährt ein Bus bis zur Grenze (Grenze schließt um 17 Uhr). Dann mit Sammeltaxi (Collectivo) oder Bus nach Copán, Weiterfahrt in Honduras mit dem Bus. Schiffsverbindung zwischen Livingston bzw. Puerto Barrios und Puerto Cortés zweimal wöchentlich.

Honduras–Belize: Eine Busverbindung gibt es nur auf dem o.g. Landweg über Guatemala. Die Fähre zwischen Honduras und Guatemala fährt weiter nach Puerto Gorda im Süden Belizes. Von hier Weiterfahrt mit dem Bus nach Belize City.

Guatemala–El Salvador: Mehrere Busgesellschaften verkehren tgl. zwischen

REISEDATEN MITTELAMERIKA

Flug von Deutschland	Inlandsverkehr	Reisepapiere	Devisen	Mietwagen	Benzin	Hotel	Pension	Menü	Einfaches Essen	Ortszeit	Trinkgeld
ab 1400 DM (Guatemala-Stadt)	Busfahrt Guatemala-Stadt – San Salvador: 18 US $	Reisepaß, keine Visa	1 US $ = 6 Quetzal 1 US $ = 2 Belize-Dollar	ab 40 US$ pro Tag (unbegrenzte Kilometer)	1 Liter Super: 4,5 Q	Luxuskat.: ab 320 Q Mittelklasse: ab 120 Q	einfache Zimmer: ab 15 Q (Casa de Huespedes)	Luxuskat.: ab 100 Q (mit Getränken)	Frühstück: ab 20 Q Abendessen: ab 35 Q	MEZ –7 Std. (Winter) MEZ –6 Std. (Sommer)	in Restaurants 10 % der Rechnung

Eingelegte Köstlichkeiten in den Regalen einer Straßenküche

Guatemala-Stadt und San Salvador, am besten ist der 1.-Klasse-Service der King-Quality-Linie, Abfahrt vor dem Hotel »Presidente« in San Salvador.
El Salvador–Honduras: Busverkehr von San Salvador nach San Miguel im Osten des Landes, von dort fährt ein Bus über Santa Rosa de Lima zur Grenzbrücke Goascorán; Busanschluß in die Landeshauptstadt Tegucigalpa.

Einreise

Bürger der Bundesrepublik Deutschland benötigen für einen Aufenthalt von bis zu drei Monaten in den vier mittelamerikanischen Staaten Belize, El Salvador, Guatemala und Honduras kein Visum. Allerdings wird bei der Einreise meist nur eine auf zwei bis vier Wochen begrenzte Aufenthaltserlaubnis erteilt, die man aber gegen eine geringe Gebühr drei Tage vor Ablauf bis auf insgesamt drei Monate ausdehnen kann (bei der örtlichen Polizei). Bei der Einreise auf dem Landweg werden geringe Einreisegebühren erhoben, bei der Ausreise eine relativ hohe Flughafengebühr verlangt: Belize 12 US-$, Guatemala 15 US-$, Honduras 10 US-$, El Salvador 17 US-$. Bei der Einreise wird man manchmal nach dem Weiter- bzw. Rückflugticket gefragt.

Elektrizität

Nur in Belize beträgt die Stromspannung 220 Volt, in den Ländern El Salvador, Honduras und Guatemala 110 Volt; im guatemaltekischen Hochland und in Honduras fällt der Strom oft aus. In allen Ländern benötigt man die (US-amerikanischen) »Flachstecker« (Adapter notwendig).

Einkaufen

In den Großstädten gibt es ein Warenangebot, das dem europäischen ähnlich ist. Aber was Einkaufen in Mittelamerika zum Erlebnis werden läßt, sind seine Märkte. Die schönsten und ursprünglichsten ganz Mittelamerikas gibt es im Hochland von Guatemala.
Der Markt beginnt immer ganz früh am Morgen. Wenn man selbst früh auf den Markt geht, entgeht man den organisierten Touristen, die meist am späten Vormittag eintreffen. Den Preis einer Ware auszuhandeln ist auch für den Anbieter selbstverständlich.
Sehenswerte Märkte in Guatemala: Montag: Antigua, Zunil (bei Quezaltenango); Dienstag: Sololá, San Lucas Tolimán, Santa Clara La Laguna; Mittwoch: Huehuetenango; Donnerstag: Antigua, Chichicastenango, Santa Cruz del Quiché; Freitag: San Francisco de Alto, Sololá, Santiago Atitlán; Samstag: Santa Cruz del Quiché, Santa Cruz La Laguna, Todos Santos, Totonicapán; Sonntag: Chichicastenango, Esquipulas, Momosenango.

Essen, Trinken

Hauptbestandteil der mittelamerikanischen Küche ist Mais, der in allen Variationen verarbeitet wird. Am bekanntesten sind *Tortillas,* die dünnen, flachen, handtellergroßen Maispfannkuchen, die zu jedem Essen gereicht werden. Werden Fleisch- oder Gemüsestücke in Tortillas eingewickelt, heißen sie *Enchiladas;* Enchiladas Suizas enthalten zusätzlich Käse und eine Soße. Tostadas sind knusprig gebackene Tortillas mit Bohnen, Salat, Käse und Tomaten belegt. In siedendem Öl gebratene Tortillas, zur Hälfte geklappt und mit Fleisch oder Gemüse gefüllt, heißen *Tacos.* Selbst eine Suppe, die Sopa de Maiz, enthält als Grundlage Tortilla-Stücke. Tortillas gehören zum Essen wie in Europa das Brot; manchmal dienen sie durchaus nur als Löffel oder Teller. Tortillas ohne irgend etwas (vergleichbar mit Trockenbrot) werden selten verzehrt. Zumindest wird etwas Soße, z. B. die Guacamole aus Paprika, Zwiebeln, Avocados, Öl und Gewürzen, dazu gereicht, in die man sie eintaucht.
Mais spielt auch bei anderen Gerichten eine Rolle: *Tamales* nennt man eine Mischung aus Maisbrei, Rindfleisch, Huhn, Pfefferschoten, in Mais- oder Bananenblättern gedünstet. *Quesdilla* wird aus Tortillateig mit Käse und Gemüse gebacken.
Auf Straßen und Märkten trifft man sehr oft Garküchen, die einfache und preiswerte Gerichte anbieten, die man oft im Stehen oder auf behelfsmäßigen Sitz-

Guatemalas Währung trägt den Namen des heiligen Maya-Vogels: Quetzal

möbeln ißt. Salat, Kohl, Käse, Gemüse, Tomaten, Chilis, Bohnenbrei, Fleisch- und Fischstückchen sowie Tortillas bilden die Grundlage dieser Mahlzeiten. Um Darm-Infektionen zu vermeiden, sollte man allerdings Rohkost und Früchte nur geschält oder gut gewaschen verzehren. Tabu sollten auch sein: roher Schinken, Eis, Eiswürfel. Recht gut verträglich ist pasteurisierte Milch (pasterizada).

In einheimischen Restaurants werden die meisten Gerichte mit roten oder schwarzen Bohnen (Frijoles) und weißem Reis (Arroz) gereicht. Rindfleisch ist teuer, Huhn (Pollo) und Truthahn (Guajolote) hingegen werden reichlich verzehrt.

Ohne große Formalitäten passierbar: Grenzübergang zwischen Guatemala und El Salvador

Da die Mittelamerikaner gern essen gehen, sind fast überall Restaurants in allen Preisklassen vorhanden. In den großen Städten findet man neben zahlreichen einheimischen Restaurants auch chinesische, französische und italienische Lokale. In Belize dominieren die chinesischen Restaurants, in Guatemala-Stadt kann man sogar indisch und japanisch essen.

An der Küste bereichern Meeresfrüchte die Speisekarte. Krebse (Camarones) gibt es von September bis April, Hummer (Langosta, in Belize: Lobster) von Juni bis Februar. Saisonabhängig sind die frischen Fischgerichte oder der rohe, in Zitronensaft marinierte Fischsalat (Ceviche). In größeren Restaurants werden immer Desserts angeboten. Dazu gehören Flanes (Pudding) oder Helados (Eiscreme), aber am besten schmecken die frischen »exotischen« Früchte (Orangen, Bananen, Pampelmusen, Melonen, Mangos, Papayas usw.) zu einem Obstsalat verarbeitet.

In den Ländern Mittelamerikas werden die Mahlzeiten etwas anders gewichtet als in Europa, und die Essenszeiten sind etwas verschoben. Das gilt weniger für die Touristenhotels, in denen man sich an den Gewohnheiten der Besucher orientiert, sondern für den einheimischen Tagesablauf. Das Frühstück (Desayuno), das zwischen 6 und 10 Uhr gereicht wird, ist eine sehr üppige Mahlzeit. Dazu gehören immer Eier, z. B. in Form von Huevos Rancheros (gebratene Eier auf Tortillas mit Tomaten und Bohnenpüree). Das Mittagessen (Comida oder Almuerzo) wird zwischen 14 und 15.30 Uhr eingenommen, das Abendessen (Cena) kann sich ab 21 Uhr bis nach Mitternacht ausdehnen.

Einige Gerichte, die man auf der Speisekarte während eines Mittelamerika-Aufenthaltes findet: *Pollo Pibil* ist Huhn mit einer Soße aus Orangensaft, Knoblauch, Salz und Pfeffer, das in Bananenblättern im Ofen gegart wird; *Gallo en Chica* ist Hühnerfleisch in Alkohol, dazu gebratene Bananen (Plátanos Fritos); das *Poc-Chuc* besteht aus in Orangensaft marinierten Schweinefilets, die mit einer stark gewürzten Zwiebelsauce serviert werden. Ziegenfleisch, das in Bananenblättern eingewickelt und in der Glut gegart wird, firmiert unter dem Begriff *Barbaco*. *Carnitas* sind kleine gebratene Stücke vom Schwein; *Ciles Rellenos* sind mit Fleisch, Fisch oder Käse gefüllte Pfefferschoten, *Chicharron* ist eine gebratene Schweineschwarte.

Feste, Feiertage

Der Sonntag ist in allen vier Ländern der wöchentliche Feiertag. Gemeinsam feiern sie auch den 1. Januar, Ostern, den 1. Mai und Weihnachten. Darüber hinaus aber gibt es eine Vielzahl von arbeitsfreien Festen und Feiertagen, die eine jeweils nationale Besonderheit zum Anlaß haben. Guatemala: 30. 6., 15. 9., 20. 10; Honduras: 20. 7., 15. 9., 3. 10., 21. 10.; El Salvador: 3. 5., 5. 11.; Belize: 9. 3., 24. 5., 10. 9., 21. 11.

Besonders interessant sind für die Mittelamerika-Besucher die lokalen »Fiestas«, die sehr stark mit den spezifischen Traditionen des jeweiligen Ortes verbunden sind. Und davon gibt es so viele, daß die nationalen Fremdenverkehrsbehörden eigene Broschüren herausgeben. In den Regionen, in denen der Anteil der Maya groß ist (z. B. im Hochland von Guatemala) sind sie besonders stark von Traditionen geprägt. Dazu gehören meist farbenprächtige Wallfahrten und Prozessionen, überlieferte Tänze, darunter der aus Spanien stammende »Eroberungstanz« (Danza de la Conquista), bei dem einige Maya-Tänzer Holzmasken mit spanischen Gesichtern tragen.

In größeren Orten können die bereits als Feiern gestalteten Vorbereitungen mehrere Tage vor dem eigentlichen Ereignis beginnen, während sich in kleinen Dörfern alles auf den jeweiligen Tag konzentriert. Unterhaltung, Essen und Trinken, Musik und Tanz gehören immer dazu. Zu den spektakulären und ganz großen Festen dieser Art gehören in Guatemala die Osterwoche in Antigua, die Maria-Himmelfahrt-Feierlichkeiten in Sololá, Allerheiligen in Todos Santos und die Vorweihnachtswoche in Chichicastenango.

In Belize sind es die Karnevalswoche, in der insbesondere in allen Orten an der Küste folkloristisch-fröhlich gefeiert wird, und der 19. 11., der Garífuna Settlement Day (1832), der im südlichen Belize zu Umzügen, Tänzen und viel lauter Musik alle auf die Straße lockt. Vor Weihnachten finden überall in Mittelamerika Prozessionen statt (Posadas). Weihnachten selbst wird mit Kostümfesten und Musik gefeiert.

Fotografieren

Die Ladinos lassen sich gerne fotografieren, wenn man sie um eine Aufnahme bittet. Die Maya weigern sich häufig aus religiösen Gründen, fotografiert zu werden. Deshalb sollte jeder Fotograf unbedingt vorher das Einverständnis einholen. In jedem Fall ist eine absagende Geste zu akzeptieren.
In Museen und archäologischen Stätten wird für Video-Aufnahmen eine Gebühr erhoben. Filme sind in Mittelamerika teurer als in Europa und oft schon jenseits des Verfallsdatums. Wegen des tropisch-feuchten Klimas kann ein Thermobeutel für die Filme nützlich sein. Kamera und Filme in Flughäfen nach Möglichkeit wegen der Intensität der Röntgenstrahlen von Hand kontrollieren lassen.

Siete Altares: »Hütten zu vermieten«

Geld

Alle mittelamerikanischen Währungen orientieren sich am US-Dollar. Die Wechselkurse der Landeswährungen zur Mark schwanken deshalb mit denen des US-Dollars zur DM.
Belize hat seine Währung (Belize Dollar, B-$) fest an den US-$ gekoppelt. Der B-$ ist unterteilt in 100 Cent. Anders als die Währungen der Nachbarländer, deren Wechselkurs zum US-$ sich ständig verändert, gilt für Belize immer: 1 US-$ sind 2 Belize-Dollar. Es gibt Scheine bis zu 100 B-$; alle tragen das Bild der britischen Königin. Die Währung in El Salvador heißt Colón (C), unterteilt in 100 Centavos. Scheine bis 100 C sind im Umlauf.
In Honduras bezahlt man mit Lempira (L), unterteilt in 100 Centavos. In Guatemala trägt die Währung den Namen des Nationalvogels Quetzal (Q), unterteilt in 100 Centavos. In Umlauf sind Banknoten bis zu 100 Q; sie alle tragen auf ihrer Rückseite die Wertangabe in den alten Maya-Ziffern.

US-Dollar-Noten und US-Dollar-Reiseschecks kann man in allen vier Ländern günstiger gegen die jeweilige Landeswährung eintauschen als DM. Problemlos kann man in Belize auch mit US-Dollars bezahlen, in anderen Ländern wird dagegen oft nur die Landeswährung akzeptiert. Kreditkarten (Tarjeta de Credito) werden in allen großen Hotels, Restaurants etc. akzeptiert.

Gesundheit

Nur in den großen Städten Mittelamerikas ist eine gute medizinische Versorgung gesichert. Aber bis auf wenige Bereiche (z. B. Malaria oder Magen-Darm-Grippe) ist das gesundheitliche Risiko nicht wesentlich größer als bei Reisen in Europa, wenn man einige Regeln beachtet:
Wegen der großen Hitze und Luftfeuchtigkeit sollte man stets viel trinken (auch wenn man keinen Durst hat) und gewürzte Speisen, ggf. Salztabletten, zu sich nehmen. Gegen Insekten schützen Moskitonetze, Ventilatoren, entsprechende langärmelige Kleidung und Einreibemittel. Für Reisen in Küstennähe oder in tiefliegende Regionen ist eine Malaria-Prophylaxe unbedingt ratsam; im Bergland von Guatemala ist sie unnötig. Gegen Magen-Darm-Verstimmung (»Monctezumas Rache«) kann man sich nicht gänzlich schützen, aber man kann vorbeugen, d.h. kein Leitungswasser trinken, Eiswürfel meiden, nur Geschältes essen. »Peel it or let it«, galt als Regel im britischen Kolonialreich.
In keinem Land Mittelamerikas sind bei der Einreise Impfungen vorgeschrieben. Sinnvoll ist aber, bestehenden Impfschutz für Polio und Tetanus aufzufrischen und sich vorbeugend gegen Hepatitis impfen zu lassen. Wer ganz sichergehen möchte und individuelle Gesundheitsrisiken berücksichtigen muß, kann sich beraten lassen beim Institut für Infektions- und Tropenmedizin der Universität München (Leopoldstraße 5, 80802 München, Tel. 089/33 33 69) und beim Bernhard-Nocht-Institut für Tropenmedizin (Bernhard-Nocht-Straße 74, 20359 Hamburg, Tel. 040/3 19 20 77).
In die Reiseapotheke gehören: ein Durchfallmittel (z. B. Immodium), etwas gegen Magenschmerzen, Aspirin (ASS) und Augentropfen, unbedingt ein Mückenschutz, Malaria- und Wasserdesinfektionstabletten (Micropur), Pflaster, Verbandszeug und eine Salbe zur Linderung von (Sonnen-)Verbrennungen. Die Reiseapotheke kann man aber vor Ort in einer Farmacia (Belize: Pharmacy) auffüllen bzw. wieder ergänzen. Fast alle Medikamente erhält man rezeptfrei und erheblich preiswerter als in Deutschland, und oft sind z. B. die örtlichen Mückenschutzmittel wesentlich wirkungsvoller als europäische.

Klima, Kleidung

Nach Mittelamerika, das klimatisch den Tropen zuzuordnen ist, kann man das ganze Jahr reisen. In den Tropen gibt es im Gegensatz zu den gemäßigten Breiten keine Jahreszeiten mit warmen Sommern und kalten Wintern, sondern es ist beständig warm bis feucht-heiß, und man unterscheidet in Trocken- und Regenzeiten bzw. muß die Höhenlage eines Ortes bei Aussagen über das Wetter berücksichtigen. Von Mai bis September ist Regenzeit, d.h. während des europäischen Sommers regnet es in den

Vielseitig verwendbar ist Melasse, ein Restprodukt aus der Zuckergewinnung

Zweisprachige Begrüßung in einem Garífuna-Dorf an der honduranischen Karibikküste

Tropen fast täglich, doch meist nur kurz am Nachmittag und Abend; an der Karibikküste kann sich die Regenzeit von Juni bis Dezember verschieben, und von August bis Oktober muß man hier mit Wirbelstürmen rechnen. In der Regenzeit ist es schwüler, feuchter und heißer als in der Trockenzeit. Die herrscht von November bis März; während des europäischen Winters ist es also in Mittelamerika trocken und klimatisch angenehmer.

Das Klima eines Ortes wird aber ungeachtet dieser Trocken- und Regenzeiten auch wesentlich von seiner Höhenlage bestimmt. Bis zu einer Höhe von 800 m ist es tropisch heiß, zwischen 800 und 1800 m sind die Temperaturen gemäßigt warm, nachts kann es aber recht kühl werden. Ab 1800 m ist es kalt, wenn die Sonne allerdings tagsüber scheint, angenehm frühlingshaft.

Deshalb muß man beim Kofferpacken genau berücksichtigen, wohin man fährt. Denn für Belize, die Karibikküsten von Honduras und den guatemaltekischen Petén (mit beständig feucht-warmem Wetter) muß man nur sehr Leichtes, für das Hochland von Guatemala und Honduras aber durchaus auch Pullover und Jacken einpacken.

In jedem Fall benötigt man festes Schuhwerk für den Besuch der archäologischen Stätten und Badesandalen für steinige Strände. Wer in den Ländern mit öffentlichen Bussen reisen wird, sollte an einen schützenden Schonbezug für sein Gepäck (am besten Rucksack) denken, weil dieses immer, d.h. auch bei Regen, auf dem freien Omnibusdach transportiert wird.

Öffnungszeiten

Die Ladenöffnungszeiten variieren von Land zu Land, aber auch innerhalb der Länder. Zur Orientierung: Geschäfte in Städten, Supermärkte Mo–Sa 8–21 Uhr in Honduras, 9–19 Uhr in Guatemala und El Salvador, 8–12 Uhr und 13–17 Uhr in Belize; Märkte: unter freiem Himmel 6–18 Uhr, überdachte 7–21 Uhr; Banken Mo–Fr 8–13 Uhr in Belize und El Salvador, 8–15 Uhr in Guatemala und Honduras; Behörden 8–16 Uhr in Guatemala, El Salvador, 7.30–15 Uhr in Honduras.

Orientierung

Die meisten Kolonialstädte in Mittelamerika sind schachbrettartig angelegt und gruppieren sich um einen rechteckigen zentralen Platz (Plaza Mayor oder Plaza Central). Von Nord nach Süd werden sie von Alleen (Avenidas, abgekürzt: Ave.), von Ost nach West von Straßen (Calles) durchzogen. Avenidas und Calles tragen Namen, Nummern oder auch beides. In El Salvador, Honduras und in Antigua de Guatemala werden sie vom Hauptplatz ausgehend durchnumeriert. Eine Straße, die in den Osten führt, wird Calle Oriente genannt, die, auf der man von der Plaza Mayor nach Westen gelangt, Calle Poniente. Nach dem gleichen System wird eine Allee, die im Norden liegt, Avenida Norte genannt, ihre Fortsetzung im Süden Avenida Sur.

Guatemala-Stadt ist in 20 Zonen (Zonas) eingeteilt, und die Numerierung der Straßen und Alleen beginnt in jeder Zone neu. Deshalb muß man sich zuerst in die betreffende Zone begeben. Dann erläutert die Zahl vor der Straße bzw. Allee, die wievielte sie innerhalb der jeweiligen Zona ist. Da früher Hausnummern unbekannt waren und auch heute viele Häuser keine haben, gibt die zweite Zahl den Abstand in Metern an, den dieses Haus vom Schnittpunkt mit der nächsten Straße entfernt liegt.

Post, Telefon

Man kann sich auf die Post (Correos) in allen vier Ländern verlassen, auch wenn sie etwas langsamer ist (im Durchschnitt benötigen Postkarten nach Europa 14 Tage). Die Briefmarken der Länder, insbesondere die von Guatemala und Belize,

Belize City	Temp. max.	Temp. min.	Wassertemp.	Regentage	Sonnenstd.
Januar	28°	20°	27°	13	6
Februar	28°	21°	28°	7	7
März	30°	22°	29°	5	7
April	31°	24°	30°	3	8
Mai	31°	25°	30°	6	8
Juni	31°	25°	31°	15	6
Juli	31°	24°	30°	18	7
August	32°	24°	30°	17	8
September	32°	24°	30°	16	5
Oktober	31°	23°	29°	18	6
November	30°	21°	27°	14	6
Dezember	28°	20°	27°	10	6

Quelle: Seewetteramt Hamburg

Guatemala-Stadt	Temp. max.	Temp. min.	Regentage	Sonnenstd.
Januar	23°	12°	2	7
Februar	25°	12°	2	7
März	27°	14°	2	6
April	28°	14°	5	7
Mai	29°	16°	8	5
Juni	27°	16°	20	4
Juli	26°	16°	17	6
August	26°	15°	16	5
September	26°	16°	17	5
Oktober	24°	15°	13	4
November	23°	14°	6	7
Dezember	22°	12°	2	8

sind recht schön und tragen meist Blumen- und Tiermotive. Briefmarkensammler können an Spezialschaltern der zentralen Postämter in den Hauptstädten auch ältere Sammelerstücke erwerben.
Telefonieren aus Mittelamerika ist teuer (am billigsten in Belize), vermittelte Telefongespräche (Larga Distancia) sind noch teurer und Telefongespräche in direkter Durchwahl aus Hotels unerschwinglich (z. B. 3 Minuten aus Guatemala nach Deutschland 75 Mark). Besser ist, man läßt sich anrufen (1 Min. aus Deutschland ca. 3 DM). Vorwahlen von und nach Deutschland: Von Deutschland: Belize 0 05 01, Guatemala 0 05 02, El Salvador 0 05 03, Honduras 00 5 04; nach Deutschland: von Belize 01 49, von den anderen Staaten 00 49.

Preise

Das Preisniveau in Belize ist auf den Cayes mit dem der Bundesrepublik vergleichbar, an allen anderen Orten, insbesondere in Guatemala und Honduras, ist es bei öffentlichen Verkehrsmitteln, Restaurants und Hotels wesentlich billiger. In den Geschäften gelten im allgemeinen Festpreise, auf den Märkten und bei Straßenständen ist feilschen angebracht.

Sicherheit

Generell sind Touristen in den Ländern Mittelamerikas sicher, wenn sie sich so vorsichtig verhalten wie in bundesdeutschen Großstädten. Dazu gehört es z. B., nachts nicht zu Fuß in den Innenstädten unterwegs zu sein oder sich nicht auf die Angebote von Drogenhändlern in Belize City einzulassen.
Auch in den Hauptstädten und Touristenorten Mittelamerikas kommt es häufig zu Taschendiebstählen, auf dem Lande jedoch kaum. Hauptsächlich arbeiten Taschendiebe in Bussen, auf Bahnhöfen und Märkten. Man muß auf immer neue Tricks gefaßt sein. Überall da, wo Gedränge herrscht, wo Leute nahe herankommen können, ohne daß es ungewöhnlich wirkt, sind oft auch Taschendiebe am Werk. In der Mehrzahl handelt es sich um sehr trickreiche Diebe, die die Unvorsichtigkeit der Fremden ausnutzen, ohne Gewalt anzuwenden. Am besten verläßt man deshalb das Haus mit Reiseschecks oder mit nur dem Bar-Betrag, den man an einem Tag auszugeben beabsichtigt. Sinnvoll ist es, Fotokopien von Reisepaß und den Flugtickets bereits zu Hause anzufertigen und sie getrennt aufzubewahren. Gepäck muß auf Flughäfen, in Hotelhallen und auf Bahnhöfen immer im Auge behalten werden.

Sprache

Spanisch ist die wichtigste gemeinsame Sprache in Mittelamerika, ungeachtet der vielen Maya-Sprachen und des in den Städten verbreiteten Englischs. Spanisch ist Amtssprache, nur in in der ehemaligen britischen Kolonie Belize ist es Englisch.
In allen drei Staaten gibt es Spanisch-Schulen. Sie bieten am Vormittag Sprachunterricht in kleinen Gruppen und organisieren ein Übungsfeld mit Einstieg in die Alltagskultur, indem sie ihre Schüler bei einheimischen Familien einquartieren. Besonders groß ist das Angebot in Antigua, der schönsten Stadt Guatemalas. Drei Dutzend Institute bieten Sprachkurse auf allen Niveaus an und vermitteln auch die Unterbringung in einer guatemaltekischen Familie (Preise: bei 4–6 Std. am Tag pro Woche ab 80 US-$, Unterbringung pro Woche: ab 50 US-$).
Academia de Español, 3 Ave. Sur 15, Tel. und Fax 9/32 03 44; Academia de Español Nahual, 6a Ave. Norte 9, Tel. und Fax 32 25 48; Cervantes – Spanish Academy, 5a Calle Poniente 19 »A«, Tel. und Fax 32 06 35; Instituto Antigua de Español, 1a Calle Poniente 33, Tel. und Fax 32 26 82; Proyecto Linguistico Francisco Marroquin, 7a Calle Poniente 31, Tel. 32 28 66/777, Fax 32 28 86.

Handarbeiten gibt es in allen Ländern der Region in reichlicher Auswahl

Strände

Die schönsten Karibikstrände in den Maya-Ländern Mittelamerikas findet man im Süden und auf den Cayes von Belize und den Islas de la Bahía von Honduras (Roatán, Guanaja). Aber auch die honduranische Karibikküste von Trujillo bis Puerto Cortés sowie die Pazifikküste am Golf von Fonseca sowie die Badebuchten in der Nähe der salvadorianischen Stadt La Libertad garantieren einen schönen Badeurlaub.

Swimmingpool des Hotels »Las Brisas« am Lago de Yojoa in Honduras

Trinkgeld

Im Rechnungsbetrag eines Restaurants oder Hotels wird zwar außer Steuern stets auch »Service Charge« ausgewiesen, aber dieses Geld erreicht die unmittelbar dienstbaren Geister oft nicht, sondern davon bezahlt das Hotel deren bescheidenes Gehalt. Trinkgeld wird extra gegeben: im Restaurant 5-10 Prozent des Rechnungsbetrages, an ein Zimmermädchen pro Tag Landeswährung im Wert von 2 US-$, Gepäckträger pro Stück 0,50 US-$. Bei Taxifahrern ist Trinkgeld unüblich. Bei Wünschen (z. B. Taxi bestellen, Arzt rufen) gibt man das Trinkgeld besser vorher.

Busse sind das mit Abstand wichtigste öffentliche Verkehrsmittel in Lateinamerika

Unterkunft

In allen vier Ländern gibt es Übernachtungsmöglichkeiten in allen Preisklassen, vom Luxushotel (ab 100 US-$) bis zur Hängematte unter freiem Himmel (1 US-$). In den Hauptstädten sind in der Regel neben guten nationalen Hotels auch die bekannten internationalen Hotelketten vertreten. Je weiter man sich von den Zentren entfernt, um so schwieriger wird es, Hotels zu finden. In den Kleinstädten bleibt dann meist nur eine Casa de Huespedes, eine einfache Pension, die als Familienbetrieb geführt wird. Jugendherbergen im europäischen Sinn sind in Mittelamerika sehr selten, ebenso Zeltplätze. Einzige Ausnahme: In Tikal liegt ein schöner Campingplatz direkt am Eingang der Ruinenstätte. Beliebt bei jungen Leuten ist besonders das Anmieten von Cabañas, einer sehr einfachen Hütte in Strandnähe, die mit Palmzweigen gedeckt ist und außer zwei Haken für die Hängematten keinerlei Mobiliar besitzt.

Verkehrsmittel

Reisen in Mittelamerika ist immer ein Stück Abenteuer. Gerade, wenn man keine Pauschalreise gebucht hat, sondern seinen Transport vor Ort selbst organisieren will, lernt man Land und Leute viel intensiver kennen.

Busse: Der Bus ist das meistgenutzte Verkehrsmittel in Mittelamerika; auch das entlegenste Dorf wird mindestens einmal täglich angefahren. Zwischen den großen Städten verkehren Überlandbusse der 1. und 2. Klasse; erstere halten ganz selten, sind aber kaum teurer (etwa 10 DM für 100 km) als die zweiten, die überall halten und immer überfüllt sind. Bei den Bussen der 2. Klasse sammelt ein Angestellter das Fahrgeld an der Bustür ein und verstaut das Gepäck auf dem Dach (auch bei Regen), bei 1.-Klasse-Bussen löst man eine Karte im voraus und hat einen Sitzplatz sicher.

Flüge: Die nationalen und internationalen Flugverbindungen zwischen den großen Städten Mittelamerikas sind relativ gut und vergleichsweise billig. Mit dem Flugzeug zu reisen kann wegen der schlechten Straßenverhältnisse eine wertvolle Zeitersparnis bedeuten.

Leihwagen: In allen großen Städten und Flughäfen Mittelamerikas kann man Autos mieten; durchschnittlicher Mietpreis: 50 US-$ pro Tag, unbegrenzte Kilometerzahl. Obwohl Firmen gesetzlich gehalten wären, sich einen Internationalen Führerschein vom Ausleiher vorlegen zu lassen (in Deutschland erhält man ihn gegen Vorlage des deutschen Führerscheins und eines Paßbildes beim örtlichen Straßenverkehrsamt bzw. bei der Polizei), drücken sie ein Auge zu und begnügen sich mit dem nationalen, dessen Angaben sie aber nicht lesen können. Ganz selten, und meist nur mit einer saftigen Nachgebühr, kann man einen Wagen an einem anderen Ort als dem Übernahmeort zurückgeben.

Grenzen darf man nicht überschreiten. Einzige Ausnahme: Hertz und Avis in Guatemala-Stadt gestatten die Fahrt ins honduranische Copán via El Florido. Benzin kostet zwischen 0,80 und 1,10 DM pro Liter. In ländlichen Regionen sollte man nach Möglichkeit immer volltanken, wenn man eine Tankstelle sieht, denn sie sind selten.

Eisenbahn: Die Bahn spielt in der Region als Personenbeförderungsmittel nur eine sehr untergeordnete Rolle. Das Streckennetz ist sehr dünn, die Züge sind langsam, Diebstähle keine Seltenheit. Empfehlenswert ist einzig eine Fahrt mit dem »Bananen-Expreß« in Honduras von San Pedro Sula über Puerto Cortés nach Tela. Von Mexiko ist Guatemala-Stadt per Zug erreichbar.

Zeit

Die Differenz zur mitteleuropäischen Zeit (MEZ) beträgt 7 Std., d.h. wenn es Nachmittag (15 Uhr) in Hamburg ist, ist es in Mittelamerika 8 Uhr morgens.

In den Tropen sind Tag und Nacht das ganze Jahr über gleich lang; die Sonne geht gegen 6 Uhr auf, und gegen 18 Uhr wird es ganz schnell dunkel.

Zeittafel

35 000 v. Chr.

Während der letzten großen Eiszeit wandern Nomaden aus Asien über die zugefrorene Beringstraße durch Alaska und Nordamerika nach Mittel- und Südamerika. Nur im südamerikanischen Andenhochland (Inka) und im zentralamerikanischen Mexiko (Azteken) mit seinen südlichen Nachbarstaaten Guatemala, Belize,

Honduras und El Salvador entwickeln ihre Nachkommen unabhängig voneinander eigene Hochkulturen.

1. Jahrtausend v. Chr
Die olmekische Kultur findet in Mesoamerika weite Verbreitung.

200–900
Klassische Periode der Maya. Zahlreiche Stadtstaaten entstehen. Das Tiefland wird extrem dicht besiedelt (150 Einwohner pro Quadratkilometer).

790–910
Zusammenbruch des Königtums im südlichen Maya-Tiefland (»Maya-Kollaps«).

um 850
Tikal, einst eine der wichtigsten Maya-Städte, wird langsam verlassen. Die letzte Inschrift stammt von 869.

1492
Christoph Kolumbus landet zum ersten Mal in Zentralamerika.

1523
Pedro de Alvarado erobert von Mexiko aus Guatemala, besiegt die Quiché-Maya unter Tecún Umán.

1524
Pedro de Alvarado unterwirft Cuscatlan, die Hauptstadt der Pepil, und gründet La Bermuda, das spätere San Salvador.

1540
Gründung der Stadt Comayagua, kriegerische Auseinandersetzungen mit Lempira, dem Anführer der Maya.

1544–1550
Bartolomé de Las Casas, Bischof von Chiapas, erwirkt Gesetze zum Schutz der

Mit »Maya-Airways« erreicht man am schnellsten die Cayes von Belize

»Indios«, deren Zahl durch die Spanier von 20 Mio. auf weniger als 3 Mio. dezimiert wurde.

1798
Großbritannien besiegt bei St. George's Caye die Spanier, um britischen Siedlern im Gebiet von Belize Schutz zu bieten.

1811
José Delgado erhebt sich erfolglos in der Provinz El Salvador gegen Spanien.

1821
Mexiko löst sich von Spanien, General Iturbide versucht, die Provinzen Zentralamerikas als Erbmasse des Generalkapitanats Guatemala Mexiko anzugliedern.

1823
Proklamation der »Provincias Unidas del Centro de América«.

1838–1841
Die Zentralamerikanische Konföderation zerfällt in die fünf selbständigen Staaten Guatemala, El Salvador, Honduras, Nicaragua und Costa Rica.

»Sorgenpüppchen« aus Guatemala

1862
Großbritannien erklärt Belize zur Kolonie, 1871 zur Kronkolonie.

Ab 1900
Die US-amerikanische United Fruit Company beginnt in Honduras und Guatemala mit dem Bananenanbau.

1951–1954
Landreform in Guatemala unter den Präsidenten Arévalo und Arbenz Guzmán.

1954
Invasion und Militärputsch im Auftrag der USA in Guatemala.

1969
»Fußballkrieg« zwischen El Salvador und Honduras.

1980
Erzbischof Oscar Romero in San Salvador ermordet. Die Guerilla-Bewegung FMLN erhebt sich.

1981
Belize wird unabhängig, bleibt aber Mitglied im Commonwealth.

1987
Unter der Führung des costaricanischen Präsidenten Oscar Arias vereinbaren El Salvador, Guatemala, Honduras, Nicaragua und Costa Rica ein Friedensabkommen.

1990–1995
Ende des Bürgerkriegs in El Salvador, Guatemala und Honduras; zivile Regierungen lösen die Militärs ab.

Stand der Angaben: Sept. 1996.

Isla Desterrada
Isla Pérez
Arrecife Alacrán
Isla Chica
Cayo Arenas
Campeche Ba
Cayo Nuevo
Arrecife Madagascar
Arrecife Sisal
Arrecifes Triángulos
Isla Cayos Arcas
Bahía de Campeche
Progreso
Ría Celestún
Parque Natural
Hunucmá
MÉRIDA
Izamal
Uxmal
Chichén Itzá
Ticul
Oxkutzcab
Tekax
Peto
CAMPECHE
Champotón
Edzná
Escárcega
Meseta de Zohlaguna
VERACRUZ
BOCA DEL RÍO
Alvarado
Tlacotalpan
Catemaco
COATZACOALCOS
MINATITLÁN
CIUDAD DEL CARMEN
Frontera
VILLAHERMOSA
Cárdenas
Comalcalco
Emiliano Zapata
Palenque
Tenosique de Pino Suárez
Ocosingo
S. Cristóbal de las Casas
TUXTLA GUTIÉRREZ
Istmo de Tehuantepec
Salina Cruz
Juchitán de Zaragoza
Arriaga
Tonalá
Sierra Madre de Chiapas
Golfo de Tehuantepec
Tapachula
Comitán de Domínguez
Sierra del Lacandón
Bonampak
Tikal
Flores
Belmopan
Maya Mountains
GUATEMALA
Cobán
Huehuetenango
QUEZALTENANGO
Mazatenango
Escuintla
Chimaltenango
Antigua Guatem.
Sierra de las Minas
Quiriguá
Copán
Zacapa
Jalapa
Jutiapa
SANTA ANA
Sonsonate
SAN SALVADOR
San Vicente
EL SALVADOR
La Libertad
Usulután
San Antonio
New Orleans
Tallahassee
Savannah
Jacksonville
Houston
Nuevo Laredo
Matamoros
Monterrey
Golf von Mexiko
Miami
NASSAU
San Luis Potosí
Tampico
LA HABANA
Mérida
León
CD. DE MÉXICO
Veracruz
Belize City
BELMOPAN
Acapulco de Juarez
CD. DE GUATEMALA
TEGUCIGALPA
KINGSTON
SAN SALVADOR
MANAGUA
Cartagena
SAN JOSÉ
PAZIFISCHER OCEAN
PANAMA
Medellín
Zeichenerklärung • Legend
Autobahn - Fernverkehrsstraße mit Straßennumerierung
Motorway - Trunk road with road numbering
Hauptstraße - Wichtiger internationaler Flughafen
Principal highway - Major international airport
Internationale Grenze - Provinzgrenze
International boundary - Province boundary
Hauptstadt eines souveränen Staates
National capital
SAN SALVADOR
Besonders, - Sehenswerter Ort - Sonstige Sehenswürdigkeiten
Place of particular interest -, of interest - Other objects of interest
MÉRIDA
Cancún
1:4 000 000
0 40 80 120 160 km

6
7
8
9
10
A
B
C
D
E
F
G
CUBA
PINAR DEL RIO
Consolación del Sur
Minas
Sandino
Mantua
Isabel Rubio
Las Martinas
C. de S. Antonio
C. Corrientes
La Bajada
Nueva Gerona
La Fé
Siguanea
Jacksonville
Isla de la Juventud
(Isla de Pinos)
Archipiélago de los Canarreos
Cayo Largo
CIENFUEGOS
Golfo de Batabanó
Golfo de Cazones
Yucatan Channel
Estrecho de Yucatán
-6h Gr. Time
-5h Gr. Time
Yucatān Basin
Cayman Ridge
Grand Cayman
West Bay
Georgetown
Cayman Islands (U.K.)
Península de Yucatán
Cabo Catoche
I. Contoy
I. Mujeres
Cancún
Pto. Juárez
Tizimín
Valladolid
Playa del Carmen
Isla del Cozumel
Cozumel
Tulúm
Chumpón
Felipe Carillo Puerto
Pta. Herrero
Pta. Madero
Bahía del Espíritu Santo
Sian Ka'an
Biosphere Reserve
Cayo Norte
Banco Chinchorro
Cayo Centro
Cayo Lobos
CHETUMAL
Ambergris Cay
Belize City
Turneffe Islands
Northern Cay
Lighthouse Reef
Long Cay
Dangriga
Glovers Reef
Islas del Cisne/
Islas Santanilla
(Hon.)
Golfo de Honduras
Isla de Roatán (Hon.)
Roatán
Guanaja
Isla de Guanaja (Hon.)
Isla de Utila
Utila
Islas de la Bahía (Hon.)
Puerto Cortés
Tela
La Ceiba
SAN PEDRO SULA
EL PROGRESO
Trujillo
Puerto Castilla
Cabo de Honduras
C. Camarón
Iriona
P.N. Río Plátano
Pta. Patuca
Mosquitia
Olanchito
Sierra la Esperanza
Sierra de Agalta
Cordillera Nombre de Dios
Puerto Lempira
C. Falso
C. de Gracias a Dios
Cayos Cocorocuma
Arrecifes de La Media Luna
Arrecifes Edinburgh
Cayos Miskitos (Nic.)
Banco de Quitasueño (Col.)
Montañas de Colón
Juticalpa
Catacamas
Dulce Nombre de Culmi
Waspam
Leimus
Rus Rus
Auasbila
Comayagua
Montañas de Comayagua
TEGUCIGALPA
Comayagüela
Danlí
El Paraíso
Cordillera Entre Ríos
Puerto Cabezas
Punta Gorda
Bonanza
Siuna
La Rosita
Cordillera Isabella
Costa de Mosquitos
Choluteca
Ocotal
Somoto
Estelí
Jinotega
Matagalpa
Isla de Providencia (Col.)
Isla de San Andrés (Col.)
Cayos de Albuquerque (Col.)
Cayos Guerrero
Cayos de Perlas
Pta. de Perlas
Laguna de Perlas
Islas del Maíz (Nic.) (Corn Islands)
NICARAGUA
HONDURAS
Chinandega
LEÓN
MANAGUA
Tipitapa
Boaco
Juigalpa
Rama
Bluefields
SAN MIGUEL
Golfo de Fonseca

Register

Seitenzahlen die auf Infoseiten hinweisen, sind **fett** gedruckt. Die Koordinaten in Klammern beziehen sich auf die Karte Seite 112/113.

Bereits erschienen

1 Türkei – Südküste
2 Kalifornien
3 Tunesien
4 Thailand
5 New York
6 Türkei – Ägäisküste · Istanbul
7 Island
8 Marokko
9 Karibik
10 Hongkong
11 Florida
12 Bali · Lombok · Java
13 Kanadas Westen
14 Moskau
15 Kenia
16 Ägypten
17 Israel
18 Neuseeland
19 Singapur · Malaysia
20 New Orleans und die Südstaaten
21 Mexiko
22 Südafrika · Namibia
23 Japan
24 Hawaii
25 Himalaya
26 USA – Südwesten
27 Australien – Ostküste
28 Venezuela
29 Jordanien
30 Brasilien – Rio und die Küste · Minas Gerais
31 USA – Nationalparks
32 Kanadas Osten – Québec · Ontario
33 Kuba
34 Sri Lanka und Malediven
35 Nordkalifornien · San Francisco
36 Vietnam
37 USA – Südstaaten · Washington D. C.
38 Südsee
39 Südindien
40 Mittelamerika

In Vorbereitung

41 Syrien
42 Südkalifornien · Los Angeles
43 Peking

Impressum

Verlag:
HB Verlags- und Vertriebs-Gesellschaft mbH, Alsterufer 4, 20354 Hamburg, Postfach 30 06 60, 20347 Hamburg, Tel. 040/4151-04, Telefax 040/4151-32 31.
Geschäftsführer:
Kurt Bortz, Dr. Joachim Dreyer, Eike Schmidt

Redaktion und Produktion:
Harksheider Verlagsgesellschaft mbH, Fabersweg 1, 22848 Norderstedt, Postfach 52 49, 22822 Norderstedt, Tel. 040/52 88 62-0, Telefax 040/5 23 40 56
Redaktion:
Ulrike Klugmann (verantwortlich)
Jörg Gensel

Text: Dr. Gerhard Heck, Mainz
Fotografie: Rainer Kiedrowski, Ratingen
Grafische Gestaltung:
Gerhard Keim, Frankfurt/Main
Kartografie:
© RV Reise- und Verkehrsverlag, München und Stuttgart
Kartographie: © GeoData, Geographische Datenbanken GmbH & Co. KG, Berlin · Hamburg · Leipzig · Stuttgart · Werder
© Seite 36, 75: Studio für Landkartentechnik, Norderstedt
© Seite 100/101: Mairs Geographischer Verlag, Ostfildern
Für die Richtigkeit der in diesem HB-Bildatlas Special angegebenen Daten – Adressen, Öffnungszeiten, Telefonnummern usw. – kann der Verlag keine Garantie übernehmen.
Nachdruck, auch auszugsweise, nur mit ausdrücklicher Genehmigung des Verlages.
Erscheinungsweise: zweimonatlich

HB-Bildatlas Special Fotoservice:
Harksheider Verlagsgesellschaft mbH, Postfach 52 49, 22822 Norderstedt, Tel. 040/52 88 62-22, Telefax 040/5 23 40 56

Vertrieb Zeitschriftenhandel:
Partner Pressevertrieb GmbH, Postfach 81 04 20, 70521 Stuttgart, Telefon 07 11/72 52-210, Telefax 07 11/72 52-375
Vertrieb Abonnement und Einzelhefte:
Zenit Pressevertrieb GmbH, Postfach 81 06 40, 70523 Stuttgart, Telefon 07 11/72 52-198, Telefax 07 11/72 52-333
Vertrieb Buchhandel:
Mairs Geographischer Verlag, Marco-Polo-Zentrum, D-73760 Ostfildern, Telefon 07 11/45 02-0, Telefax 07 11/45 02-340
Anzeigenalleinverkauf:
KV Kommunalverlag GmbH, Postfach 81 05 65, 81905 München, Telefon 089/92 80 96-24, Telefax 089/92 80 96-20

Satz: Lübecker Fotosatz GmbH, Lübeck
Reproduktionen:
Otterbach Repro GmbH & Co., Rastatt
Druck und buchbinderische Verarbeitung:
Klett Druck H. S. GmbH, Fritz-Klett-Str. 61–65, 71404 Korb
Gedruckt auf chlorfrei gebleichtem Papier
Printed in Germany
ISBN 3-616-06440-6

Titelbild: in San Antonio Aguas Calientes